働くママと子どもの〈ほどよい距離〉のとり方

榊原洋一 監修
高石恭子 編

柘植書房新社

はじめに

人類にとって最も古い営みである子育てに関する数多くの書物や言説のなかで目立つのは、子育てにおける母親の役割を過度に強調する傾向です。三歳児神話や、母乳至上主義はその典型例です。

「三才までは母親が育児をするのが最も望ましい」「母乳以外で子育てをすべきではない」といった意見がよく聞かれます。母親の役割が強調されすぎる結果、どうしても論調が「○○しなければならない」「○○してはいけない」といったものになりがちです。

もちろん、重すぎる母親への期待に押しつぶされる母親をおもんぱかって、「親がなくても子は育つ」「子どもは親の背中をみて育つ」といった息抜きの言葉もありますが、それらは重苦しい義務感に裏打ちされた子育て観が厳然と存在することの裏返しになります。

本書の執筆者のひとりとして、子育て中の親の義務感を、きちんとした裏付けとともにぬぐい去ることを心がけましたが、監修をしてみて、執筆者全員が私と同じ気持ちであることが確認できました。

子どものなかには自分から育ってゆく力があり、それを信じて子育てをすればよいことを、本書では事実と実例をあげて分かりやすく説明しています。さらに、教条的になりがちな子育て本ではなく、読者である母親が楽しめる読み物になっているのも本書の特徴です。

本書が、子育て中の多数の母親に、知識だけでなく心の安らぎをお送りできれば幸いです。

榊原洋一

二〇一六年春

働くママと子どもの〈ほどよい距離〉のとり方●目　次

プロローグ
親子が幸せに暮らすための〈ほどよい距離〉

高石恭子

はじめに

いま、この本を手にとってくださっているのは、どんな方でしょうか。大学を卒業して、普通に就職して、仕事も面白くなってきて……でも、ふと気づくと、周りでは、結婚して子どもができて、「やっぱり子どもには母親が必要だから」と、退職して家庭に入っていく同世代もちらほら。自分はどうするんだろう？　働きながら子育てなんてできるだろうか？子どもに寂しい思いをさせてまで仕事を続ける意味があるのだろうか？　と迷っておられる女性でしょうか。それとも、自分の意志で、あるいは必要に迫られて、働きながら子育てしているけれど毎日がつらい、このままでよいのか不安でたまらない、と感じているお母さんやそのパートナー（お父さん）でしょうか？

本書は、そんなあなたにエールを送るために作られました。

子育ては、どんなに医学が発展して子どもの死亡率が下がっても、どんなに科学技術が進んで子どもの世話にかかる時間や労力が節約できても、親としての責任を負うという重さから逃れることはできないという点では古来変わらぬ営みです。さらに現代では、その責任を負うかどうかを「選択する」ことが求められていて、選んだからには当然うまくやり遂げられるはず、という二重のプレッシャーにさらされています。

果たして、子育てと仕事は両立できるものなのか？　男女平等の教育を受け、男女共同参画社会の時代に育った自分が、築いてきたキャリアを手放したくないと考えるのは、エゴ（利己的な考え）なのか？　働きながら子育てをすると、なにかとり返しのつかない将来を招いてしまうのか？　仮に両立して成功した女性がいるとして、それはスーパーウーマンのような特別なひとじゃないだろうか？

もしあなたがそんな迷いと不安に押し潰されそうになっているなら、ぜひこの本を読んでみてください。わたしたちが伝えたいのは、まずなによりも、「母親が子どものそばにずっといることが、必ずしも親と子の将来の幸福を約束するわけではない」というあたり前の事実です。

親と子が幸せに暮らすには、〈ほどよい距離〉が必要です。遠すぎても、近すぎても、お互いをよく理解することはできません。やがて子どもは親の元を巣立って別々の人生を歩むことを思えば、働くことによって生じる小さな別れを、お互いの成長のために役立てていく知恵をもっておくほうが、離れていることを後ろめたく思うよりもはるかに建設的であることがわかるでしょう。

子育てのゴール地点に到達したとき、「じゃあ、ここから先はひとりで行くね」とわが子が未来に向かって走り去るのを見送る安堵と幸せを、満喫できたら素敵ですね！　現役の働くママや子育ての専門家によって書かれた本書から、そのためのヒントが、たくさんみつかることを願っています。

子育てに唯一の正解はない

世界中にはいろいろな子育てがあり、また同じ国でも時代や地方によってまったく違う子育て方法があり、子育てに「唯一の正解はない」と誰しも頭では理解しています。出産後まもなく赤ちゃんを別室に寝かせ、数か月で離乳してベビーシッターに任せ、夫婦が大人の生活を大切にする文化でも、長く授乳し子どもが大きくなるまで母親の添い寝を許容する、親子の密接な関係を大切にする文化でも、それぞれに子どもは育ちます。どんな方法にも、わたしたち大人が自分自身の生活を維持し、楽しむことと、次世代を育んでいく営みを両立させるための合理的な判断や経験の蓄積が活かされているのです。

そうはわかっていても、いざ、自分が子育てをすることになると、「正解」を求めてしまうのが現代人の悪い癖かもしれません。これまでの人生の大半を学校教育や仕事現場で過ごし、問題には答えがあることがあたり前で、より効率的に正解を導き出すために努力し続けてきた女性にとって、子育てでも同じように頑張ろうとするのは無理もないことです。自分は、よりよく生きるために子育てすることを選んだのだから、なりゆき任せなんてとんでもない、常にベストを尽くして、生まれた子どもを最高の状態に育てなければならない、と思う人も少なくないでしょう。

さて、そんなわたしたちが働きながら子育てをしようとするとき、必ず聞こえてくるふたつの声があります。

ひとつめは、外からやってくる「かわいそう」という声です。

「そんなに小さな子を保育所に預けるなんてかわいそう」
「子どもが小さいうちは母親がそばにいてあげるのが一番」
「あの子に落ち着きがないのは、やっぱり母親が働いているからなのね」
「長い人生のうちでほんの短い時間なのに、なぜがまんできないのかしら」

まるで、働いているだけで母親失格のように批判する「世間の声」はいまだに健在です。

さらに、最も堪《こた》えるのは自分の実母の声。子どもが病気がちだったり、癇が強かったり、なにかうまくいかないことがあると、「子どもがかわいそう」「ちゃんとみてやれてないからじゃないの?」と、暗に働くことへの疑問を投げかけられがちです。

戦後の高度経済成長時代に、核家族の専業主婦として家事育児に専念するのが多数派だったいまの祖母世代のなかには、自分とは違う生き方をしようとする娘に複雑な思いを抱く人も少なくないのです。

ふたつめは、自分の内なる「申し訳ない」という声です。子どもは保育園に預けられると、慣れるまではしばしば大泣きします。母親を求めて渾身の力で泣き叫ぶわが子を目の前にすると、まるで自分が極悪非道な人間になったように感じます。なんとか、そうした最初の関門を無事くぐり抜け、子どもが小学校に上がっても、

「おかえり、と迎えてあげられなくてごめんなさい」

「○○ちゃんのお母さんのように、手作りのおやつを出してあげられなくてごめんね」と、心のなかでわが子に向かって、そばにいてやれないことを詫び続けてしまいます。

さらに、ベストを尽くしたいと頑張るお母さんほど、

「母乳育児を十分できなかった」

「自分が家にいれば、もっとお稽古にも連れて行ってやれるのに」

「脳の発達は△歳までに決まるって書いてあったけど、もう手遅れでは……」

と、自分の至らなさを申し訳なく思います。

そんなふうに、たとえ面と向かって誰もあなたを責めなくても、内なる自責の声、すなわち罪悪感と闘わざるを得ないのです。

こういった声を一度も聞かずにすむ働く母親はいません。専門的な難しい仕事をこなし、また自信に満ちてなんでもテキパキこなせるひとであっても、「母親」だけは別です。考えてみればあたり前です。現代の核家族で育った多くの女性は、母親という仕事をするためのなんの訓練も受けず、資格もとらず、たった数回の母親学級の受講と育児本を読むだけで、子どもを産んだその日から一人前の母親業をこなすことを求められるのですから。

わたしが、本書を通してみなさんに伝えたいのは、前記した、

「子どもがかわいそう」

「子どもに申し訳ない」

という声が聞こえてくるとき、その声の正体がなんなのか、そしてその声に圧倒されないための知恵はどんなものかということです。

母親の罪悪感ほど、子育てを阻害するものはないのですが、いまの消費社会では、さまざまな営利企業が、母親の罪悪感を利用して多くの商品やサービスを売り込もうとしています。これを使えば、もっとよい子育てができますよ、これを与えれば、お子さんはもっとお母さんの愛情を感じることができますよ、というふうに。

十分に子どものそばにいてやれないことに負い目を感じながら働いている母親は、その誘惑にそれと気づかず乗ってしまうことも多いのです。母親の罪悪感から差し出されたものが、結果的には子どもの本来の自然な成長を妨げてしまうのにもかかわらず。

ここで考えておきたいのは、なぜわたしたちは「子どもは母親がそばにいることが一番」と信じ、そうでない子どもを「かわいそう」と思うのかということです。いやいや、そんな問いを立てること自体、どうかしているんじゃないの？　と首を傾げるひとにも、ぜひ本書を最後まで読んでいただきたいと思います。

「科学的な真実」に基づいた子育て？

今日、わたしたちは「科学的な真実」に基づいた子育てを志向しています。完全母乳育児が推奨されるのも、産後の母子同室や頻回授乳が望ましいとされるのも、それが医学的に実証されたベストの方法だと教えられるからです。

心理学の領域からも、早期の母子の愛着関係（絆）を確立することがその後の子どもの発達全般に影響すると言われていますし、近年に至っては、「脳科学」という新たな領域から、子どもに早く（場合によっては胎児期から）さまざまな刺激を与えることが潜在能力を開花させるために重要だと謳われています。

いずれも、現代の核家族の子育て環境においては、ほかならぬ「母親」の頑張り次第ということを意味します。

わたしはこれまで、都市部の核家族で乳幼児をもつお母さんたちの相談を受けたり、意識調査やインタビュー調査を行なってきましたが、「三歳までは自分の手で育てたい」「九歳までが大事と聞いたから、預けることはしません」というふうに、子どものそばにいることを第一に考えるひとが多いのを改めて実感しました。

そういったお母さんたちは、自分が趣味や勉強の時間をもちたいと思うと、早朝まだ家族が起きてこないとき、子どもの昼寝中、深夜家族が寝静まってから、自分の休息時間を削ってやりくりをしているのです。

なかには、「子どもを午前中幼稚園に行かせるだけでも、気が気ではありません」「自分のみていないところで、わが子がハサミを使えるようになったとか、三輪車をこげるようになったと先生から聞かされたら悔しくてたまらないと思います」とおっしゃる人もいました。いつも子どものそばにいて、「できる限りのことを教えたい」「喜びは全部一緒に味わいたい」と願っておられるのです。

このような母親の頑張りを支えているのは、「科学的に正しい育児」というものです。しかし、科学が絶対ではないことは、少し考えてみれば明らかでしょう。たとえば、わたしが長女を育てた一九九〇年代前半は、「うつぶせ寝」がよいとされ、預かっていただいたホームや保育所では乳児はみんな顔を横に向け、うつぶせにぺたんと寝かされていましたが、一九九〇年代後半に次女を育てたときは、うつぶせ寝と突然死の関連が指摘されたため、例外なく全員仰向けに寝かされていました。もちろん家庭でも、「そのようにしなさい」と指導されました。

科学的な真実とは、新たな実証結果がひとつ出れば、たった数年でいつでも覆る程度のものなのです。いま、これがベストとされている方法であっても、「来年にはワーストになっているかもしれない」と相対化できる心のゆとりをもち続けることが、育児にも必要だろうと思います。

早期の母子の愛着関係（絆）の確立は子どもの発育にどう影響するか、という命題に対する「科学的真実」は、おもに第二次世界大戦後のアメリカで「戦争による孤児が施設でうまく育たない」という現象を研究するなかで見出されたものです。母と子を引き離すとこのように決定的な心の傷を残し、子どもの将来に悪影響を残すという結論は、戦後の非日常的な現象から引き出されたものであり、今日の子育て一般にあてはめること自体に無理があるのではないでしょうか。

いままでは「三歳児神話」と呼ばれる通り、三歳まで母親が子育てに専念していないと、子どもの発達に悪影響が出るという信念には、なんの科学的根拠もないことが厚生労働省からも宣言されています。それでもなお、多くのひとが「三歳までは母の手で育てるのがよい」

と考える背景には、わたしたちが根強く「母親とは例外なく子どもに尽くすもの」という慈母の幻想をもっていること、そしてわたしたちは「科学」の結論に対しても、自分たちの幻想にマッチしたものしか受け入れようとしないという性質をもっていることがあるのです。

働きながら子育てしている母親のほうが、子育て専業の母親より育児ストレスが低く、また子育てを楽しいと思ったり、自分を幸福だと思う割合が高いという結果を示すデータはいくつもあります。

また、乳児から保育所に預けられていた子どもと、在宅の子どもで、発達に差はないことも、複数の調査で証明されています。にもかかわらず、そういった「科学的真実」は慎重に扱われ、行政やメディアが大きくとりあげることはまずありません。

わたしたちは、科学的真実に対しても、みたい部分をみたいように色づけされたものをみているのだということです。常識的に考えれば、母親がそばにいるかどうかだけが子育ての良し悪しを決めるわけではないのは当然です。トータルに考えて、親は自分が一番幸せと思える子育てのスタイルを築き、それが子どもの望むスタイルと相反するときは、現実的に可能な折りあえる接点をみつけていけばよいのではないでしょうか。

子どもの巣立ちを可能にする親と子の〈ほどよい距離〉

専業で子育てし、存分に子どものそばにいられるお母さんも、働きながら子育てし、いつもそばにいてあげられないことに悩んでいるお母さんも、いずれ十数年後には子どもの巣立ちの時期を迎えます。

わたしは大学でカウンセラーという仕事をしていて、二〇歳前後の子どもとそのお母さん、お父さんに出会うことが多いのですが、最近とりわけ難しいと感じているのが、親子の「別れ」と自立というテーマです。専業で子育てに人生を費やしてきた母親の場合に、特にそう思います。

子どもが大学生になっても毎朝お弁当を作り、帰ってきたら一日の報告を聞き、進路選択や就職活動に心を砕き、果てには入社先の上司にわが子の健康状態の相談をするお母さんも、そんなに珍しい存在ではなくなりました。同世代の誰よりも自分をよく理解し、長く支えてくれた母親のもとを巣立つのは、子どもにとってもとても大きな挑戦ですし、巣立っていかれる母親にとって「子どもとの別れ」は難問となります。

社会が流動的で労働環境もかつてなく厳しい状況の昨今では、「そんな就職先に無理して行くより、バイトでもいいから家から通ったら？」と引き留める親心も、周囲から容認されやすくなっているように思います。でも、子育てにはゴールがあり、いつかは別れねばならないのは、ひととしての理なのです。

働きながら子育てをするひとは、日々の生活のなかで必要に迫られ、「別れ」のレッスンを受けることになります。でもそれは有難い恵みでもあるのです。いずれは別れ、巣立っていくひととして、いまここにいるわが子をみたとき、そのレッスンは必要悪ではなく、お互いの成長のための大切なステップだと感じることができます。そうすれば、無用な罪悪感に消耗するのではなく、子どもと離れている時間を、お互いにとってプラスの意味あるものとして活かしていけるでしょう。

イギリスの著名な小児科医で、親と子の心理に深い造詣をもつウィニコットというひとは、子どもの健やかな成長にとって必要なのは、「ほどよい母親（good-enough mother）」であると言っています。完璧な母親（もしそういう人がいるとすればですが）は、かえって子どもの成長を阻害する、一番よいのは、最初はわが子と一体となり子育てに没入するけれども、子どもの発達に応じて、少しずつ子どもの欲求をとらえ損ね、応え損ねるようになっていく母親だというのです。母親もひとりの主体性をもった個人ですから、別の主体性をもったわが子と衝突したり、食い違ったりするのはあたり前です。

完璧に応えてくれない母親に幻滅し、少しずつ失望していくことをくり返しながら、子どもは心が鍛えられ、欲求を我慢したり、言葉で相手に伝えたり、もっと広い世界に働きかけていけるようになるわけです。

そこから考えると、親と子のあいだには、〈ほどよい距離〉というものがあるはずです。いつもそばにいて子どもの欲求を満たすのではなく、ときどき離れて、子どもの欲求を満たし損なう「ほどよい関係」が。もちろん、まだ「お母さん」のイメージを長期記憶に留めておけない赤ちゃんを置いて、主たる養育者の母親が一か月も海外出張に行くのはほどよいとは言えません。でも、三歳ならどうでしょう。五歳なら、一〇歳なら。いまならスカイプやラインなどもありますから、物理的な距離を埋める方法は、かつてより格段に増えていますね。「かわいそう」という声に心をかき乱される前に、「ごめんなさい」と内なる声をつぶやく前に、これは、親と子が長い人生のつきあいのなかで〈ほどよい距離〉を見出し、お互いが幸せに生きられるための「貴重なチャンスなのだ」ととらえ直してみるのです。

子どもとの〈ほどよい距離〉を考えることはまた、子どもを自分とは異なるひとりの人間として尊重する姿勢をもつことを意味しています。相手の準備状態をしっかり理解して受けとめ、どれくらいの物理的、心理的距離なら許容できるか、またお互いの成長に活かせるかを絶えず見極めていく営みを意味しています。このような努力は、親と子の関係のみならず、夫婦（母親と父親）や、家族間のほどよい関係を見出していくことにもつながるのではないでしょうか。

子どもがまだ小さくて離れて生活することは想像できないというあなたであっても、一〇年後、二〇年後のわが子と自分の〈ほどよい距離〉をイメージしてみてください。思春期や成人を迎えた娘や息子と、どんなつきあい方をしているでしょう。ずっと一緒ですか、それとも、たとえば、一年ぐらい会わなくても子どもに世界を飛び回って活躍してほしいですか？　想像するのが難しければ、あなた自身の母親との距離がどうなっているのか考えてみてください。心理的、物理的にそれはいまも心地よく、わが子とも同じようになっていたいですか？　それとも近すぎて（遠すぎて）苦しいので、わが子とは違う関係を築いてみたいですか？

そうはいっても、やっぱり子どもが小さいうちは「母親がいつもそばにいるに越したことはない」と考えているひとにはわたしはこのように言いたいと思います。二〇世紀の半ば以降に欧米で発展した親と子の心理学は、たしかに例外なく、乳幼児期に子どもが獲得すべき「基本的信頼感」、ないしは「健全なアタッチメント（愛着）」を重視しています。その理論的考え自体は間違っていないでしょう。問題は、子どもがそれらを獲得する責任を負うのは、もっぱらその子の「母親」だというわたしたちの思い込みなのです。

母と子が互いに自立して歩める社会へ

子どもが生まれ落ちたときから、この世への信頼感を築き、健やかな成長を遂げるために必要なのは、おいしい空気、自然の緑、毎日変わらぬ生活のリズム、安全な食べ物、安心を与えてくれる大人とのかかわりなど、子どもを何重にもとり巻く環境の総体であって、けっして「たったひとりの母親」がそばにいることではありません。

伝統的な日本の子育てにおいて、「名付け親」「乳親」「拾い親」など、複数の大人と縁を結んでいたのは、母親との〈ほどよい距離〉を可能にし、またじつの親が不在となったとき（昔はいまよりもっと死が身近にありました）の保険となる子育ての知恵だったのです。今日なら、保育ママ、ファミリーサポートの先輩ママなどがそれにあたるでしょう。

近年、子どもへの虐待や育児放棄が社会問題となっていますが、悲しい事件が報道されると、決まって「母親はなにをしていた？」と非難の矛先はその子の母親に集中して向けられます。一方では、ひとりかふたりのわが子を大切に育て、物理的・心理的に密接な関係をもち続ける母親が増え、「パラサイト・シングル」や「社会的ひきこもり」と呼ばれる現象のように、成人を迎えてもなかなか子どもを巣立たせることのできない相互依存の問題も指摘されつつあります。ふたつは、正反対のようでありながら、根っこのところには共通するものがあります。それは、子どもを育てるのは「ほかならぬその子の母親」だという、わたしたちが無意識に抱いている信念です。

核家族が大半で、ひとり親もめずらしくない今日では、「わたしが頑張るしかない」「わたしがそばにいてやらねば」という思いが、母と子の抜き差しならない息苦しい関係をもたらしてしまいます。子どもが小さいうちは、「よい母親」としての達成感を味わえるかもしれませんが、そのような関係の先に、お互いに依存し合って離れられない長い人生が待っているとすれば、残念なことですね。

わたしたちが目指したいのは、母と子が自立し、それぞれが豊かに生きていけるようになることです。そのためには、思い込みから解放され、母親も自分の人生を生き生きと過ごし、自然の恵みや、社会のしくみや、信頼できる人びとを、子育てに組み込んでいくことが必要です。そうすれば、おのずと、わが子とのあいだに〈ほどよい距離〉が生まれてくるでしょう。

次章からは、子育てにおける〈ほどよい距離〉をさまざまな視点から探っていきます。本書を読み終わったとき、あなたのなかに、働きながら子育てすることの楽しさ、面白さ、そして誇りが、ほどよく湧き出していることを期待しています。

第1章

子どもの成長別にみる〈ほどよい距離〉のとり方

高石恭子
甲南大学教授、学生相談室専任カウンセラー。専門は臨床心理学。

乳児期——無限の選択肢のなかで

生まれるまでの
悩み

つわり中の勤務や
妊婦健診での欠勤、
産院選びなど

生まれたあとの
保育園確保

産休との兼ね合い、
待機児童の問題など

復帰前後の
どたばた

ならし保育から
実際の通園、
仕事のブランクや
復帰後の勤務体系など

復職後の
悩み

子どもの風邪による
急な休みなど

体験記

仕事と育児の一〇〇％――「預ける」という育児の管理業務

中野円佳（女性活用ジャーナリスト／研究者）

二〇代半ば、結婚したての頃、仕事にも育児にも一〇〇％かけられないなんて、と自分の将来を考え、絶望的な気分になった。それまで一五〇％、身体を壊そうがプライベートを犠牲にしようが仕事にひた走っていた若い社会人として、仕事に一〇〇％の気持ちと時間を割けなくなるなんて考えられなかった。一方で、子どもができたとして子育てもちゃんとしたいのに、子どもに一〇〇％の気持ちと時間を割けないなんて、母親になる資格はあるのだろうかと思い詰めた。ひとりの人間が割ける時間、気持ち、体力には限りがあって、「自分にとっての一〇〇％」を仕事か、家庭かのどちらかに振り向けることなんてできない。「両立」って言うけど、「両方中途半端」なんじゃないのか。「ワーク・ライフ・バランス」なんて言っても、まだまだわたしたちは二者択一を迫られているのじゃないのか、と。

憂鬱で永遠に答えの出ない悩みに終止符を打ったのは、「仕事とのタイミングなんか計っていたら産めないわよ！」というアドバイスに後押しされた直後の妊娠判明だった。子どもをもつかもたないかで悩む必要はなくなり、少し楽になった気もした。しかしすぐに、それまでと変わらずに仕事がしたい気持ちと、周囲からのみられ方とのギャップに戸惑うことになった。当時、ハードながらもやりがいを覚えていた仕事から異動になり落ち込んでいたのだが、その前後で妊娠が分かったため「楽な部署になってよかったね」「会社が配慮してくれたのかな」と声をかけられる。そのたびに、「妊娠・出産して最前線の仕事をしちゃいけないのか」と憤っていた。

実際に妊娠・出産してみて、思った以上に、世のなかには母親役割に対するプレッシャーが溢れているということが分かった。妊娠中は先輩たちから「産んだら自分の自由はなくなると思え」と温かい脅しをもらい、生後一か月を過ぎて子どもを連れて外を歩けば「あら〜、小さいわね、何か月なの?」「こんな早くから外に出して!」と話しかけてくれるおばさま方から、「母乳で育てているの?」と声がかかる（母乳で育てるのは経済的にも健康的にもメリットが大きい反面、完全母乳にこだわると搾乳は手間もかかるし長時間離れると胸が張って痛み出すし、生後数か月母子がきわめて離れにくくなる。にもかかわらず「ミルクを（も）あげる」ことに抵抗感をもつひとは多く、赤の他人であっても母親たちにプレッシャーを与えてくる）。

なんで？　なんで？　なんで母親ばかりをこんなに育児に縛りつけようとするのか。預けて働くことに対してかなり前向きだったわたしでも、夫や実家に任せて外出するときには「早く帰らなきゃ」「いまどうしてるかな」と常にハラハラし、生後五か月ではじめて託児所に預けるときには、キョトンとしているわが子に別れを告げる声が震え、電車に乗った途端に年甲斐もなく号泣するくらい、子離れができなくなっていた。平日、早朝に出ていき深夜に帰宅する夫に「夫婦ふたりともそういう働き方ってもうできないんだよ」と訴え、「ベビーシッターに頼めばいいじゃん」という返事に激昂。「やっぱりできるだけ親がやらないと……」と、自分の母親としての責任意識を高めていた。

でも、生後六か月を過ぎ、子どももしっかりしてきて、定期的に一時保育を使ったり夫の親にもみてもらったりして、だんだんわかってきた。預けたら子育てしていないことになるのかというと、たぶんそういうわけではない、と。

「預けて仕事に復帰する」「育児と仕事の両立をする」とは、言うのは簡単だが、その方法には無数の選択肢がある。たとえば、普段の勤務。一七時に会社を出たとしてもお迎えに行けるのは一八時ごろ。たまに残業で一九時までの延長なら許容範囲か。二〇時だと寝かせる時間が遅くなりすぎる。それ以上の延長はアウトか。残業の日は誰かに迎えに行ってもらうか。パパは行けるだろうか、会社の評価は下がらないだろうか。じじばばや、ベビーシッターはどうだろうか。頼むとして、迎え、食事、寝かしつけのどこまで頼むか。親子が会わないまま一日を終えるのはまずいか。たまにならいいだろうか、逆に定期的にやらないと慣れないか。熱が出た場合はどうするか。出張は行けるだろうか。

育児をビジネスに例えると怒られそうだが、こうしたことを常に判断して組みあわせて日々運用している親は、育児の管理業務をしているのだと思う。経営者や社長にたとえてもいいかもしれない。事業がうまくいくよう、外注先（保育園やベビーシッター）を精査し収支に見合うか勘案し、交渉し手続し、不都合があったり契約期間が終わったり他に良い条件がでてくれば他社に変更する（転園する）可能性を考える。社員（パパやじじばば）の様子をみながら、どこまで仕事を任せられるか、モチベーションや健康状態は悪化していないか、目標が共有できていなければその都度に議論したり情報をもたらしたり啓発したりする。顧客（子ども）の安全や健康が守られているか、満足度（機嫌）はどうかを常にチェックし、なにか不測の事態が発生すれば駆けつけ、新たな投資案件（育児用品の購入や幼児教室への参加）や撤退について頭を巡らせる。しかも夕方以降は実務もこなし、夜は土日も含め毎日接待（寝かしつけ）で、二四時間いつ電話（夜泣き）がかかってきても対応しないといけない。休みの日も祝日もなく、毎週ゴルフ（お散歩やベビースイミング）やらなにやらに駆り出される。将来的な事業拡大（ふたりめ、それ以上？）の可能性とタイミングについても常に悩み、他への影響を勘案しながら計画を立てる……と、超多忙な社長さんだ。

こうした日々の「業務」の大変さは、家に帰れば滞りなく育児がなされていて、子どもも健康で優秀に育ちました（または子どもはグレたけどそれについて頭を抱えるのも責任を感じるのも妻任せ）という男性には、あまり想像ができないだろう。自称イクメンでも、自分の割り振られた役割だけやって、それ以外は「やったことないからわかりません」「判断は社長（妻）にお伺いを立てないとわかりません」という指示待ち社員は多い。育児の管理業務の重要な要素は「判断」であって、育児を分担する気があるなら、実務を「手伝う」部下ではなくて、ガッチリと目標もプロセスも共有・分担できる共同経営者になってほしい。

「子育てを通じて学ぶことは多い」とよく言うが、いわゆる「成長をみる喜び」「生活者の視点」だけではなく、実際にこうした「育児の管理業務」をやることで、仕事についての意識も高まる可能性がある。産休・育休明けには、子どもを預けた時間は全力で一分一秒も無駄にしまい、と思う人が多いのではないか。バリバリ働いていた女性が子どもを産んでから、職場で「やっぱり女は変わるね」などと陰口を叩かれるのを聞く。でも、それは単に仕事への意欲がなくなるとか、「育児がなにより大事！」「小さいうちは絶対母親が近くにいてあげるべき！」と思うようになったのではなく、預ける経済的・心理的コストが大きければ大きいほど「そうまでしてやる意味のある仕事かどうか」が頭をもたげ、常に「この時間があったら子どもになにをしてあげられるか」を意識するようになっただけのことなのではないか。たとえば、一八時からの会議に出て、取引先と食事に行って二〜三時間飲み、場合によっては一度会社に戻り、残りの仕事をする。そういうことの積み重ねが大きな案件獲得につながる可能性があっても、その五時間があったら、子どもの話を聞いて話しかけて、栄養のあるものを食べさせてお風呂に入れて、寝るまでそばにいてあげられるのに、と考える。結果的に、その仕事が「毎日の子どもとの時間を犠牲にするほど重要か」「絶対に自分にしかできないことか」を、以前よりも厳しくみるようになる。

であるならば、そういう発想を生かすも殺すも職場次第という気がする。出産前後の女性は、ときに会社の「配慮」により、重要でない分野や誰でもできる仕事にあたっており、こういうケースでは高いモチベーションの維持は難しいかもしれない。もちろん、妊娠中はつわりや切迫早産、復帰後は子どもの病気などが起こりやすく、まったくの「無配慮」では厳しい。ただ、自己実現やキャリア形成上非常に重要であるとか、社会的意義があって自分がやらなければと使命感を感じられるような仕事であれば、時間的制約のなかでそれまでよりも濃密にやりとげられる可能性もある。とかく「女性は権利ばかり主張する」という批判が出てくるが、そういう会社には果たして多様な社員が柔軟に仕事をできる環境やキャリア展望を描けるような体制があるのだろうか。そもそも育児が女性だけの問題にされてしまうこともおかしいが、必ずしも母親たちが子どもを産んだことで仕事への意欲や能力を失うというわけではない。仕事でふたつのプロジェクトをまわしているマネジャーは、片方の急用でもう片方の会議を同僚に任せることだってあるだろう。それまでひとつだった仕事が、育児が加わりふたつになったとき、その両方をハンドリングできるマネジャーを社会はもっと評価し生かせたらいいし、本人たちももっと自信をもっていいのではないか。

もちろん、すべてのひとを同じように仕事にたきつけるべきだとは思わない。子どもや自分の健康状態、使える資源、親や配偶者が置かれている環境、育児や教育の方針にはかなり幅がある。「がんばれ！」「あの人はあんなに両立できているんだから！」といった、先輩や会社からの女性向けのプレッシャーは、往々にして新米ママを萎えさせる。でも、いきなり目指すと「あんな風になれない」と思うようなスーパーウーマンも、そのときはいろいろな制約のなかで、ひとつひとつを真剣に必死にこなしていっただけで、後からみたら自分たちもそういう風に振り返ることができるときもくるのかもしれない。

生後八か月ごろを過ぎ、ふと気づくと、「子どもは子どもで一日中母親と家にいてもつまらなそうだし、自分自身も育児以外のこともできたほうが生き生きとしていられる」というふうに、母子が数時間離れていることが自然に感じられるようになっていた。子どもを授かる前、子どもを産んだ直後、あんなにイメージが湧かなかった「仕事と育児の両方」は、そんなに相反するものではないような気がしてきた。すべての親が最適な復帰のタイミングと仕事量を選べるわけではないし、先のことを考えると自分自身不安なことも多い。でも、「一〇〇か〇か」とか「どちらにも五〇しか割いていない」とかいう問題ではなく、働く親たちはきっと一〇〇％、いや一五〇％、「子どものことと仕事のこと」を考えているんだな、と思うようになった。そしてそれは、けっして中途半端な状態なんかじゃない、と。

仕事に就けない人、子どもを授からないひともいるなかで、仕事も子育ても存分にやりたいなんて、欲張りでどだい無理な悩みなのだろうか。環境はまだまだ困難ではあるし、さまざまな局面で感じる葛藤は非常に大きい。なにより、日々本当に疲れ果てる。けど、きっと欲張りなんかじゃない。もちろん女性だけの問題ではないけれど、産むことをためらっている女性、預けることに不安を感じているママには「両方やろう!」と、一緒にがんばりたい。すべての辛さと疲れを吹き飛ばす子どもの笑顔には、「ママはママなりに一〇〇%頑張っているよ!」と、自信をもって笑顔を返したい。仕事と育児は、もう二者択一なんかじゃないはずだ。

(追記　本手記は第一子が0歳時点のもの。著者は現在第二子を子育て中で、第一子に比べるとだいぶ肩の力を抜いた子育てができていると感じています。)

想像上の赤ちゃんとの出会い

わたしたちは、いつ「わたしの赤ちゃんとの出会い」を意識するようになるのでしょうか。女性の場合、小さいころから自然に自分の一部のように想像しているひともいれば、結婚してから現実味を帯びてくるひともいるでしょう。また、すごく遠いことのように感じているのに、外からの促しによって、意識することを迫られる人もいるかもしれません。親と子の距離の問題は、すでにそこから始まっているとも言えます。

今日、四〇代で初めての子どもをもつことも、それほど特別なチャレンジではなくなりました。出産適齢期には二〇年余の長い幅があり、しかし生物学的には有限であるという時間のなかで、女性はまず産むか産まないか、そして産むとしたらいつか、という選択を迫られます。中野さんのように、組織のなかで、生きがいのある仕事に全力投球している女性にとって、その選択はとりわけ切実です。想像上のわが子は、ただ天使のように空から降りてくるわけではなく、いまある自分の職業上の達成を奪っていく存在にも思えるからです。「あれかこれか」の究極の二者択一で仕事をあきらめたとき、しばしば子育ては、自分があきらめたものを埋めあわせてくれるなにかでなくてはならないという、肩に力の入った営みになってしまいます。「あれもこれも」という選択をした場合にも、家族の事情、自分の仕事の状況、経済的条件など多くの変数を考慮に入れ、「いつ」踏み切るのが最も人生の損失が少ないかといった、ゆとりのない計算をしてしまうかもしれません。

しかし、第4章（ワーク・ライフ・バランスを考える）を読んでいただくとわかるように、わたしたちの人生は、直線的なものさしでは決して測りきれないものです。使える時間も、エネルギーも。かりに、全力で仕事をするのを一〇〇、全力で子育てするのを一〇〇と数値で表すとすれば、ひとりが両方にとりくむとき、その総体は五〇＋五〇＝一〇〇ではなくて、マイナスの値から二〇〇、三〇〇といった広範囲におよびます。つまり、相互に妨げあいどちらもダメだと感じることもあれば、相乗効果を生み何倍にも生きがいや幸福を感じることがあるという意味です。井戸は、深く掘り水脈にあたればどんどんと水が湧き出してくるように、わたしたちの生きるエネルギーも、自分らしい人生の流れをうまく掘りあてられれば、自然に必要なだけ湧いてきます。大事なのは、自分が、ひとつだけを追求するのが向いているか、複数を追求するほうが向いているか（どちらのスタイルがより幸せになれそうか）をじっくり考えてみることです。

そして、「産もうかな」「産んでもいいかな」と思えたとき、あなたは想像上の「わたしの赤ちゃん」と出会います。そのイメージを作りあげる素材は、雑誌やテレビコマーシャルでみた、ふわふわのおしりとつぶらな瞳の赤ちゃんかもしれませんし、最近生まれた可愛い姪っ子や甥っ子かもしれません。そこで、中野さんのように、自分はそんな想像上の赤ちゃんの立派な母親になんかとてもなれないと、「絶望的な気分」になることもあるでしょう。仕事をもっていても、もっていなくても、この段階でひるんでしまう女性はそんなに珍しくはありません。でも、ひとりだけでできる仕事なんかないし、大事なのはチームワークです。子育ても同じ。どんなチームを組んで、このプロジェクトを成功させようかと考えれば、ずっと気持ちは楽になります。

妊娠がわかったら

さて、実際に妊娠がわかったら、次は、どこで産むか（病院か助産院か自宅か、いま住む地域か里帰りか）、どのように産むか（自然分娩か無痛分娩か、分娩台か水中か畳の上か、夫や家族の立ち会いを求めるかひとりか）、出生前検査をどこまで受けるか、職場にはいつ告げるか、仕事を続けるのか辞めるのか、続けるとしていつ復帰するか、子どもをどこに（誰に）預けるか、夫（パートナー）にはどの部分の分担を求めるか、といった無数の選択肢の前に女性は立たされます。エコーに映った小さな胎児のわが子の像に感激すると同時に、きっと、あなたの脳裏にはさまざまなシミュレーションの想像が駆け巡り、めまいさえ覚えることでしょう。

選択肢が増えたことは歓迎すべきですが、自分の意志を主張するよりも周囲への配慮を重んじる文化のなかで生きてきたわたしたち日本人は、今日でも、主体的に選ぶということに慣れていません。選択には、その結果を自分個人が引き受ける責任が伴いますが、わたしたちはそのような責任を負う訓練を、育ちのなかであまり受けてきていないのです。かりに、夫や親や身近な人びとの希望とは違った選択肢を選びとろうとすれば、それは相当な葛藤や不安を引き起こします。今日のわが国で妊娠するということは、かつての「授かったものを受け入れる」という覚悟とは違う種類の、きわめて個人的な「選択の責任を負う」覚悟を迫られるという試練を意味しています。

さらにこの時期には、わたしたちの「身体」と、体内に宿った胎児とが出会い、ときに激しい反発を生じます。生物学的な次元では、胎児は母体にとって侵入してきた異物ですから、すんなりと受け入れるわけにはいきません。たとえば「つわり」は、異物である赤ちゃんを拒否しようとする力と、なんとか受け入れようとする力の、せめぎあいの表れなのです。意識の上では赤ちゃんを歓迎し、すぐに自分自身の一部のように感じることができた場合でも、身体レベルでは反発の力（つわり）がひどく、一時的に赤ちゃんとの心理的な距離をぐんと遠ざけてしまうひともいます。こんなにつらい状態に耐えないといけないのなら、妊娠しなければよかった、赤ちゃんなんかいらない、と思ってしまうのです。しかし、そう思ってしまうことに罪悪感を抱く必要はありません。妊娠・出産の教科書にはあまり書かれていませんが、母と子の出会いは、最初から、親和と反発という、正反対の方向へのダイナミクスを含んでいるものなのです。

おなかのなかの赤ちゃんとの距離

そうして、妊娠四か月から五か月、いわゆる「安定期」に入ってくると、母親になった女性は胎児との心理的な距離を徐々に安定させ、想像上の「わたしの赤ちゃん」を育て始めます。「おなかのなかの赤ちゃんとの距離って？」と不思議に思われるかもしれません。でも、物理的な距離は同じ「ゼロ」でも、心の距離は一人ひとりみな違います。もしあなたが、働くことに生きがいを見出している女性なら、想像上のわが子を、しっかり者で、自分を理解し、助けてくれる「同志」のように思い描くかもしれません。もし、自分が秘かに願望しながら果たせなかった夢を抱えている女性なら、いつかわが子が、さっそうとその夢を叶え、晴れ舞台に立つまでの姿を思い描くことでしょう。

想像する第一の手がかりは、心音やエコーの画像、なかからお腹を蹴ってくる実感などです。頭の大きさ、蹴りの強さなど、一つひとつの特徴から、想像は自在に膨らみます。アメリカの著名な乳幼児精神医学者のD・N・スターンは、妊娠期の女性のインタビューを通して、面白い発見を紹介しています（『母親になるということ――新しい「私」の誕生』D・N・スターン他著、北村婦美訳、創元社）。妊娠した女性たちは例外なく、これから生まれてくるわが子がどんな性質を受け継ぎ、どんな才能を持ち、将来どんなふうになっていくか（なってほしいか、あるいはなってほしくないか）を、想像のなかで詳しく作りあげていくというのです。

第二の手がかりは、自分がどのように育てられたかという経験です。こちらは、たいてい無意識に、想像上のわが子との距離に影響を及ぼすので注意が必要ですが、スターンは、この影響のあり方を三つのタイプに分けて示してくれています。一般的に言って、まず、自分自身が母性的な養育をうまく受けてこなかったと感じている女性は、おなかのなかの赤ちゃんについて冷静な態度をとり、想像を遠ざけ、妊娠の事実もなるべく周囲には気づかれないようにし、そのことがいまの自分の生活に支障を与えてはいないと考えようとします（拒絶型愛着パターン）。逆に、自分自身がずっと母親と密着して生きてきたと感じている女性は、おなかのなかの赤ちゃんや自分が母親になるという経験と距離がとれなくなり、始終そのことを考え続け、夢中になり、すぐに自らの母親にも伝えてかかわりを求めます（巻き込まれ型愛着パターン）。その中間には、ある程度冷静さも保ちつつ、想像上の「わたしの赤ちゃん」との一体感を楽しむ女性たちがいます（自律型愛着パターン）。

多くのひとは、中間のどこかに位置するでしょう。ただ、自分自身の生い立ちに否定的な感情を抱いているとき、女性は、おなかのなかの赤ちゃんにも極端に否定的な想像を膨らませがちであり、その苦痛を避けるために考えないようにすることもあり得る、と知っておくことは役に立ちます。もしあなたが、おなかのなかの赤ちゃんとうまくつきあえないと感じたときには、それはあなたの過去の経験に対する反応であって、これから生まれる赤ちゃんとは別のことなのだ、と気づくことが必要です。

そして、妊娠八か月から九か月、つまり出産のときが近づいてくると、スターンがもうひとつ発見した興味深い変化が起こります。女性たちは、それ以上想像を膨らませることをやめ、それまでに作りあげた「イメージ」をとり消しにかかります。心理学の言葉で、「投影の引き戻し」と呼ばれる心の作業が行なわれるのです。投影とは、自分の心のなかにある無意識の期待を他者に投げかけ、他者をそのようにみてしまうという心のメカニズムを指します。一目ぼれの恋愛などは、その典型でしょう。しかし、女性たちは、現実に生まれ出たわが子と対面する心の準備をするために（突然の幻滅が起きてはいけませんから！）、しかるべき時期がくると想像にブレーキをかけ、想像上のわが子と距離を置き、もっと現実の自分自身に近づけたイメージを浮かべるようになります。自然の摂理とはすごいものだと改めて思います。早産の場合、この心のプロセスが踏めないために、現実の赤ちゃんとの出会いをより苦しいものにしてしまうとスターンは言っています。

生まれてからの最大の難問＝母乳をめぐる選択

こうして、わたしたちは胎内のわが子とつきあい、誕生のときを迎えるわけですが、ここからの母と子の距離を最も決定づける難問は、母乳をめぐる選択だと言えます。中野さんも「実際に妊娠・出産してみて、思った以上に世のなかには母親役割に対するプレッシャーが溢れているということが分かった」と吐露しておられますが、その「母親役割」の最大の象徴が、母乳を与えることなのです。もしあなたが「産休明けすぐに職場復帰し、ミルクで育てます」と宣言するなら、相当な逆風に晒されるのを覚悟しなくてはなりません。一方、仕事を辞めて育児に専念しても、十分な母乳が出なければ、まるで母親失格の烙印を押されたような、失望の目に晒されていると感じるでしょう。

医学的に代わるものがないとされているのは、初乳（最初に分泌される乳で、母から子に与える免疫物質が含まれている）だけです。しかし、わが国では母乳は「聖域」の扱いを受けています。ここにも、プロローグで述べたような、科学的真実さえ自分の信念に沿うように作り変えてみてしまう、わたしたち人間の欲求が働いているのです。

生まれつき、走るのが早いひともいれば遅いひともいます。視力の優れたひともいれば、近視や乱視でメガネの必要な人もいます。母乳がよく出るか出ないかも、人間の多くの能力の、得意・不得意の個人的特徴のひとつです。努力はある程度の向上をもたらしますが、不得意は得意にはなりません。安価で質の良いミルクがなかった時代には、わたしたちは近所の授乳中の母親に「もらい乳」をしたり、果汁や、穀物の汁や、さまざまな代替栄養で足りない分を補っていました。いまなら、女性は自分と子どもの状態を照らしあわせて、完全母乳か混合かミルクか、母乳を与えるとしていつまでか、どのように与えるかを合理的に選択できます。

ちょっと冷静に考えてみればわかることですが、わたしたちは長い子育ての歴史のなかで、常に複数の大人で複数の子どもを一緒に世話し、教育してきました。わたしの育った昭和の時代でも、「もらい乳」はもちろん、小学校低学年ぐらいまでは近所の家に上がり込んで大勢の子どもたちでご飯を食べさせてもらったり、一緒にお風呂に入ったり、またその家のおじさんおばさんにしつけられたりするのはあたり前の日常でした。〇歳児から血縁のない複数の大人に育てられることを通して親と子が得るメリットは、今日の保育ママや乳児保育の制度にも通じると思います。かりに産休明けから子どもを昼間預けて働くとしても、子どもの健康状態が大丈夫なら特段の問題はありません。それは、歴史のなかで実証済みの、たしかな子育ての現代バージョンなのです。

母乳育児からの脱却／メリットとデメリット

乳児期とは文字通り「乳（ミルク）」を栄養として必要とする期間であり、一般的には一歳から一歳半ぐらいまでを指します。これは、生物学的に妥当な区切りであり、しかも五か月頃になれば離乳食も始まりますから、乳がすべてではなくなります。一方、母乳育児が強く推奨されるここ二〜三〇年のあいだに、二〜三歳までの授乳を意識して続ける母親も増えたように思います。近年では、長期授乳が乳がんのリスク低下や更年期症状の緩和と関連するといった、母乳育児をさらに肯定する研究データも多く発表されています。産休明け・育休明けに早く職場に戻りたいと考える女性にとっては、これまで以上に選択の難問と向きあうことを迫られていると言えるでしょう。しかし、思い出してほしいのは、どんな科学的真実も「絶対」ではないということと、どんな選択にもプラスとマイナス、メリットとデメリットの両方が必ず伴うという人生の真実です。

端的に言って、どれくらい母乳育児を重視するかの選択は、母親と赤ちゃんの二者関係の距離に大きく影響します。何年か前、どうしても授乳体験をしてみたいという悲願を抱いた子育て中の男性が、本物そっくりの人工乳房を装着してわが子に近づき、強烈な拒否に遭うという微笑ましい視聴者参加のテレビ番組を観たことがありますが、これは、どんなに科学が発達しても（少なくとも現時点では）、授乳は母親にしかできないのだという圧倒的な現実を示していました。

授乳が母親にしかできないという制約は、母親を子どものそばに物理的に拘束するというだけでなく、心理的にも拘束する働きを及ぼします。「わたしでなければダメなのだ」という自負は、女性が母親としてのアイデンティティを作っていくときの肯定的な支柱になりますが、それは行き過ぎると、父親である男性や、周囲の人びとが入り込めない閉ざされた世界を作ってしまいます。とりわけ、生まれてきたわが子を前に、さあ、自分になにができるかな、と胸を膨らませていた父親は、締め出され、とり残されたように感じて深く傷つくでしょう。また、育児がうまくいかないとき、「わたしでなければダメなのだ」という自負は容易に「わたしがダメなのだ」という罪悪感に転換し、閉鎖的な母子の世界のなかで自分を責め、あるいはわが子を責め、という悪循環を招くことになります。

母乳育児がうまくいっている場合でも、長期化すれば、ときにデメリットが前面に出てくることもあります。乳児期を過ぎた子どもが「おっぱい」を要求することは、母親を独占し、心理的な甘えを満たすための手段です。本当は、もっとことばで自分の欲求を表現し、ぶつかりあい、解決していけるだけの自我の力が育っているのに、赤ちゃんのやり方に固執しているのかもしれないのです。「わたしでなければダメなのだ」という自負があるとき、母親のほうもその関係に心地よさを感じて授乳を続けたくなります。こうなると、母と子の心理的な距離はずっとゼロに近いまま、やがていつか「近すぎる距離」のもつ別の難問に直面することへとつながっていくかもしれません。

働きながら子育てをしようとするとき、どんなに科学技術やほかのひとの助けを借りても埋めあわせられないのが母乳育児の問題だと考える女性は多いでしょう。ただ、そこだけにこだわるのではなく、もっと引いた視点から、それぞれの方法の長短を眺めてみることの大切さを感じていただけたら幸いです。授乳を通して、生まれて間もないわたしの赤ちゃんと一体感を味わえることは、女性に与えられたすばらしい経験に違いありません。しかし、それもまた、親和と反発をくり返しながら作っていく母と子の絆の多くの側面のひとつであり、一部に過ぎないということです。

無限の選択肢のなかからその瞬間、瞬間に、自分と子どもと家族にとってベストのひとつを選んでいくこと。それこそが、現代の子育ての醍醐味と言えるのではないでしょうか。まだためらいから抜け出せないでいるあなたがそこにいるなら、「勇気を出して！」と言いたいと思います。仕事に近づくことが、子どもから離れることなのではありません。むしろ、仕事に懸命に自分を投入できるからこそ、子どもといるときには子どもに近く寄り添えるということもあるはずです。その絶妙のバランスが、この時期のわが子との〈ほどよい距離〉を作り出していくのだとわたしは思います。

幼児期

――母と子の〈ほどよい距離〉が、ひとりでいられる力を育む

はじめてのお友だち

社会性が生まれ
言葉が上手になるなかで
お友だちとのかかわりが
はじまる

専業ママと自分のママの違いに気づく

なんでママは働いて
いるの？

子どもの将来を考えはじめる

子どものおけいこごとや
小学校のことなど

発達障害の指摘など

子どもの特性に気づく
時期でもある

体験記

三歳、初めての分岐点？——保育園と幼稚園のはざまで

安井梨恵子（編集者）

わたしはフリーランスの編集者として働きながら、幼稚園児のママをしています。泣くたびにおろおろしていた乳児期を過ぎ、「魔の二歳」を終えて、やっとたどり着いた幼児期、とくに三歳という年齢は、日本ではなにか特別な年齢のように感じてなりません。「三つ子の魂百まで」あるいは、「七五三」に代表されるように、やはり区切りの歳なのでしょう。なかでも一番の魔の手は「三歳児神話」です。

そう、「三歳児神話」とは、三歳までは親と（しかもなぜか母親限定のことが多い！）とにかく一緒にいるべきだという、謎の暗示のような神話。小さいころから刷りこまれていることが多く、科学的な裏付けもなにもないのについうっかり信じそうになる神話のことです。時の政府は、「三歳までは育児休暇を」と提唱し、首相はさも「幸せでしょう？」と言わんばかりの笑顔で、「三年間抱っこし放題」との発言をしました。たしかにわが子を抱っこするのは幸せなひとときでもありますが、実際には腱鞘炎にかかりながら一〇キロを超える三歳の子どもを抱っこするのは苦痛でもあります。「これ以上抱っこなんて勘弁してほしい」という本音もちらほら。だいたい三歳までは育休をとって家庭で育てるな

んて方針を打ち出すのは、一億総活躍社会を目指す女性の労働力確保とは真逆の政策であって、「保育所不足を家庭で補おうとしているだけでは？」とついつい邪推したくなります。これではまるで、「三歳児神話」の受け売りのようです。

いずれ仕事に復帰したいと考えている育休中のママたちは、三年も職場を離れていたら、自分が復帰しにくいことを知っています。三年という時間は、復帰を考えるひとにとっては長すぎる期間なのではないでしょうか。仕事が好きで仕方がないひとにとって、まず三年間も家に居続けるのは難しい。仕事が好きではないけれど、経済的理由から仕事復帰しなければならないひとにとっても、多くは最初の一年間しか育休手当は出ないので、やはり厳しい。つまり三年間も休めるひとは、仕事復帰にそれほど前向きである必要がないのではないでしょうか。

そう考えると、多くの働くママたちはもう乳児期に復帰していることに気づきます。わたしも子どもが一歳になる直前に保育園に入れました。早く仕事に復帰したかったのもありますが、〇歳児のうちに入園しておかないと、一歳を過ぎて定員オーバーになることも多いので、保育園確保のためでもありました。保育園に入れるにあたってびっくりしたのが保育園の多様化です。現在（とくに都心部において）、保育園にはさまざまな種類があるので、ここですこし紹介してみたいと思います。

いわゆる昔からある公立保育園の多くが、認可保育園と呼ばれるものです。あるいは私立ながらも、東京都でいう認証保育園のように、近年自治体によって名称は違いますが、認可とは別に自治体が独自の基準に則って認めている保育園が存在しています。そして無認可の保育園と、大きく分けて三種類の保育園があり、まずその選択肢の多さに驚きます。しかし認可保育園はつねに待機児童が多く、またわたしのようなフリーランスや非正規雇用者もしくは自営業者は利用するのが難しく、正社員としての就労証明書が必要になりますので、選択肢は多いようにみえてじつは少ないという現実もあります。

認可保育園の良いところは、園庭もあって人数も大規模なことでしょう。先生たちも公務員なので離職率も低く、その分ベテランぞろいとなります。しかも就学前まで預かってくれるところがほとんどなので、そのまま同じ学区の小学校に進めば、お友だちも継続できます。しかし公立という性格上、独自の保育方針が立てづらく、特徴ある保育を実施できない難点があるようです。

認証保育園などの良いところは、民間企業が主体になってやっているところが多いので、サービスが良いことでしょうか。たとえばわたしの子どもがお世話になった園では、先生たちは綺麗な制服を着ており、英会話やリトミックの専門講師を呼んで幼児教育に力を入れていました。保育園にいながらにして専門的な教育を受けられるなんて、一石二鳥。また保育時間も、認可保育園がだいたい一八時か一九時までなのに比べて、二〇時や二一時と遅くまでやっていることも多く急な延長もいつでも受け入れてくれて、働くママの頼もしい味方です。保育料は少し割高になりますが多くの自治体では補助があります。

無認可保育園にいたると、二四時間保育というところまであり、また立地も駅前にあることも多く、就労の有無にかかわらず誰でもちょっと預けるのにも使える利便性の良さがあります。しかし自治体の支援もないので、認証保育園より料金はさらに高いことも多く、補助もありません。自治体の管理も一切なされていないという不安もあります。

また、認可以外の保育園では、だいたい受け入れの年齢制限を三歳か四歳までとしている園が多く、就学前まで受け入れていたとしても人数が少なく年齢別でのクラス編成ができない場合もあり、四〜六歳児混合クラスとなっていることもよくあります。よって三歳になると、認可保育園に転園するか、または幼稚園やこども園、あるいはインターナショナルスクールなどに転園するケースが目立ちます。

つまり三歳とは神話ではなく、ひとつの分岐点なのでしょう。それは、保育園にいくのか（あるいは乳児期から入っている保育園にそのまま居続けるか、転園するか）、それとも、幼稚園やこども園、インターにいくのかという、親にとっても初めて経験するわが子のその先三年間の人生を決める分岐点です。大きくなっていくにつれて、人生の分岐点はたくさん出てきて、親もすっかり慣れっこになるかもしれませんが、三歳児の親にとってはこの分岐点に立ったとき、この選択で良いのかどうかはやはり悩むことでしょう。

幼稚園は文部科学省が管轄する、人生で一番はじめに経験する教育機関。義務教育ではないので、行かなくても良いとされています。でも厚生労働省が管轄する保育機関である保育園よりも、「幼稚園がついつい魅力的にみえてしまうのは、自分が幼稚園を卒園しているせいかもしれない」という方も多いのではないでしょうか。とくにいまの幼児をもつママ・パパ世代の親世代にとっては、「保育園に通わすなんて可哀想」という意識が強いひともまだまだ多いはず。わたしたちの親世代は、だいたい団塊世代か、その前後の世代。どちらも核家族世帯が多く、母は専業主婦で、父はサラリーマンというような家族が一般的とされていました。その影響もあってか、保育園に預けることに後ろめたさを感じてしまうのが、わたしたち世代の悲しいサガかもしれません。

そこに目をつけたのが最近の幼稚園。延長保育や早朝保育を実施している園がなんと多いことか！　まさにいまの時代のニーズに合わせた変化を遂げていると言えるでしょう。これなら働きながらも通わせられる、と喜ぶにはすこし早計で、意外と平日に行なわれる行事が多いことも視野に入れる必要があります。さすがに運動会や発表会は週末に行なわれることがほとんどですが、個人面談やら親子遠足やら誕生会などが、いきなり平日に行なわれることも多いのです。しかし、職場あるいは祖父母やシッターなどのすこしのフォローがあれば、働きながら幼稚園に通わせられるようになったことは、うれしい選択肢の追加であることには変わりません。

認可保育園にそもそも入れることができないフリーランスや非正規社員としてパートや派遣、契約・嘱託社員として働いている場合にも、こうした幼稚園の早朝・延長保育は心強い味方になります。わたしもフリーで働いているために認可保育園は預かってもらえそうもなかったので、わが子は園庭のない認証保育園をやめて、私立幼稚園に入園しました。幼稚園も公立と私立でも大分性格が異なりますし、勉強に力を入れている園や、遊び重視の園などたくさんの選択肢があり、最近ではこども園も増えてきました。さまざまな働き方が模索される現在において、こうしたさまざまな選択肢と、延長保育などの対応は、働くママにとって非常に有用だと思います。

さらに首都圏をはじめとする大都市では、幼稚園受験熱も高まって、名門幼稚園への入園を目指しているひとたちもみかけます。私立小学校への受験に向けて、いわゆる「お受験幼稚園」と呼ばれる受験に有利な幼稚園に入園し、幼児教室に通う子もいます。さらには体操教室やバレエやダンスに、ピアノや英会話に公文など、専業主婦のお友だちがわが子の教育に熱心に力を注いでいるなかで、「幼稚園（または保育園）に入れただけで、わたしは仕事しているからって、子どもの教育に無関心でいいのかしら」と不安になったりもします。

専業主婦の母のもとに育ったわたしは、幼稚園を二時くらいにあとにして、週に三つくらい習い事をしていました。一番早くから続いたのは三歳から始めたピアノ。そう気がつけばわが子も三歳。しかしまだなにもやらせてあげられていません。そうした自分のしてきた経験を子どもにさせてあげられないことを引け目に思い、働くことで得られる幸せと、働いていることで失うものもまたあるのが現実なのかと、やっぱり悩んでしまいます。そこに追い打ちをかけるかのような「ママお仕事いかないで」という子どもの声。「お友だちと同じ○○に通いたい」など要求はどんどん増えていきます。そう、この時期の子どもはおしゃべりもとても上手になっています。

でもそんななかで良いニュースを聞きました。いままでは専業主婦のママでなければ受からないとされていた名門小学校（ママが芸能人などの著名人の場合は働いていても受け入れている学校もある）の入学説明会で、「お迎えに来る方は必ずしも保護者でなくてもかまいません」という発表があったと言います。つまり祖父母やシッターさんなどでもいいということです。また中堅校では放課後の学童クラブのような独自のプログラムを実施する学校が増えてきています。やっとこれで、ママも働きながら子どもを私立小学校に通わせることが可能になってきたのです。

これからは、母親が専業主婦である割合は減っていくことと思います。パパもママも、働いていることがあたり前の世のなかになったときに、いまわたしが感じている「働くことで感じるわが子への罪悪感」は減っていくものと信じています。

働くことによって、わが子との〈ほどよい距離〉が生まれていることも事実です。ずっと家に二人きりでいたらつまらないことで怒り出しそうな状況も、仕事に出ていることでそうならずにすんでいます。また物理的にも一緒にいる時間がすくないために、子どもとの時間をより大切にするようになりました。仕事も効率的にこなすようになり、働きながらの子育ては、悪いことばかりではないと、やってみて気づくことも多いのです。働きな

幼児期

がら子育てすることがあたり前という認識は、これからどんどん広がっていくことでしょう。「仕事か、子どもか」ではなく、「仕事も、子どもも」という選択があたり前になる日も、そう遠くない未来だと信じて。

ことばの世界へ

乳児期が終わるころ、子どもは歩き始め、またことばを発するようになります。わたしたちは、ついつい初歩と初語が「早いか遅いか」、時期を気にしてしまいがちですが、それよりも大事なのは、これらふたつがこころの成長のなかでもつ意味のほうです。

からだとこころの発達は、わたしたちが想像する以上に密接に結びついています。たとえば二本足で歩けるようになるというのは、それまでと比べものにならないくらい自分の意志で遠くまで移動できるということです。物理的に、遠く離れたところから母親の全身やふるまいを眺め、ときにはみえないところへも行けてしまうということです。よちよち歩きの赤ちゃんは、新たに手に入れた刺激に満ちた世界とのかかわりに、興奮し、夢中になります。これを「世界との浮気」と名づけた心理学者もいるくらいです。母親は、一瞬たりとも目が離せなくなったわが子の成長に、誇らしさと、蜜月の終わりを予感する寂しさとを感じます。

しかし、この母と子のあいだに生じた「隙間」、あるいは母親がそこにいないという「不在」には、子どもから発せられる「ことば」を引き出す側面があるのです。だって、そうですね、いつも自分を包んでくれ一体となっている母親を、わざわざ「呼ぶ」必要はありません。いつも満たされた状態でいれば、ことばは必要ありません。あるはずのものがない苦痛、いるはずのものがいない不安から、ヒトはことばを発して空隙を埋め、ほしいものを手に入れようとするのです。歩行がたしかになっていく一歳半から二歳ごろにかけて、子どもは目の前にその対象が存在しなくても、頭のなかでイメージとしてどんどん思い描けるようになります。そして、そのイメージの実体を求め、その思いを誰かに伝えようとして意味のある音声を絞り出すのです。「マンマ」は、最もポピュラーな最初のことばです。母親であり食べ物であり安心であり、子どもにとって良いもののすべてを表す象徴としてのことばです。

それまで、みて、聞いて、触って、匂って、味わってという感覚の次元でしか世界とかかわれなかった赤ちゃんは、ことば（象徴の次元）の世界へ新たに生まれ落ちます。このころは、母親は育休明けで職場に戻ったばかりだったり、日々の子育てのあれやこれやで大忙しで、いつの間にか通り過ぎていくことも多いのですが、じつは子どものこころの成長にとっては画期的な変化を遂げる時期です。「いま」この瞬間を全力で生きていた赤ちゃんは、ことばを獲得することで、いまここにないものを思い浮かべ、そのイメージを少しずつ保持したり、操ったりできるようになります。「ことば」は、それらに与えられた象徴的な音声記号であり、たとえば公園でみたシーズーも隣家のゴールデンレトリーバーも図鑑の柴犬も「ワンワン」ということばで代表できるとわかるようになっていきます。砂を盛ったお椀も、イメージを重ねあわせて「マンマ」と見立て、遊べるようになっていきます。生まれて一年と少しでこんな飛躍ができるなんて、考えてみたらすごいことですね。

家族療法家で、長く親子関係の治療にあたってきた精神科医の斎藤学さんは、この成長の節目を「第二誕生」と名づけています。第一はこの世に生まれるとき、第二がことばの世界に生まれるとき、第三が、生殖可能な大人の世界に生まれるとき（思春期）であり、その節目ごとに母と子の分離と自立が段階を追って進んでいくものですが、昨今の子育てではそれが自然には難しいことが指摘されています（斎藤学・久田恵著『子別れレッスン』学陽書房）。

なぜ難しいのかは、多様で複雑な背景のあることで簡略には説明できませんが、この「ことば」の世界への誕生をめぐって、覚えておいてほしいのは次の点です。つまり、母親が「抱っこし放題」（安井さんのコラムにも紹介されている現首相の発言）の状態で、ずっと十二分に子どもの欲求を満たし続けるとすれば、子どもの「ことば」の力は必ずしも鍛錬されていかないのではないか、母と子のあいだに隙間があり、ほどよい不在の瞬間があってこそ、五感と結びついたなまの「ことば」が豊かに発せられていくのではないか、ということです。

誤解のないようにつけ加えておくと、私は母子が離れているのがよいと言いたいわけではありません。「ことば」が育っていくためには、ことば以前の段階で、母（養育者）と子が同じものをみて同じように興奮し、喜び（あるいは悲しみ、痛み）、心身のレベルで波長を合わせる十分な一体感を経験していることが重要です。たとえば、公園でわが子が初めてみた犬のかわいらしさに興奮し、母親もその興奮に同調して「ワンワンだね！」と叫ぶとき、その子は自分のみた犬の姿と、驚きや喜びと、母親の発した「ワンワン」という音声を、ひとつながりのものとして経験します。これは、動物図鑑をみせて「これがワンワンよ」と教えられるときの経験とまったく質の異なるものであることはわかるでしょう。

よく、育児書には「たくさん言葉かけをしてあげましょう」と書かれています。一歳半や三歳児健診で、「言葉が遅い」のではないかと相談すると、たいてい「よく話しかけてあげてください」と助言され、働いている母親の場合は、自分が子どもと一緒に過ごす時間が少ないからではないかと不安になったりするものです。しかし、ただ長い時間、多くの言葉を子どもに聞かせればよいというものではありません。たとえ少ないチャンスでも、ちゃんと子どもの感情に波長あわせができ、的確なことばを発する経験が、要所要所でできていればよいのです。

そもそも、早く、たくさんのことばが言えるようになることよりも、驚き、喜び、悲しみ、さまざまな感情を養育者と共有できた経験を豊かにもてることのほうがずっと大切です。そのような基盤があってこそ、やがて子どもは犬をみつけた喜びを誰かに伝えたくて、「ワンワン！」という生きたことばを発するようになっていきます。知識としてのことばではなく、五感の体験とつながった「ことば」、つまり自分のなかに湧き起こるまだ輪郭をもたないさまざまな感情をつかみ、他者に伝えられることばを育てていくことこそが、幼児期の子育ての最も大切な柱なのではないかとわたしは思っています。

このように、歩けるようになることに伴う対象との物理的な距離の増大は、こころの世界にも大きな影響を及ぼし、そのもの（人）との近接と分離を細やかにくり返すことによって、やがて子どもはことばの世界に入っていくのです。

〈わたし〉を作っていくためのもがき

ことばの世界に入ってきた子どもは、少しずつ対象とのかかわりを通して「自分」という主体を形作っていくようになります。いわゆる、「自我の芽生え」です。一歳後半から二歳前半にかけては、アメリカでは terrible two（魔の二歳）と言われるように、親にとっては子どもとの対立が日常茶飯事となり、最も忍耐とユーモアが試される時期です（ちなみに、アメリカでは terrible twos, horrible threes, wonderful fours（魔の二歳児、恐怖の三歳児、素敵な四歳児）という表現があるそうです。受難は二歳で終わらず、この後さらに子どもの反抗には磨きがかかるというわけですね）。

仕事で疲れ、余裕のなくなった母親は、「可愛さ余って憎さ百倍」の心境に陥ることもしばしば。なんでも「イヤイヤ」と親に世話されるのを拒み、かといって自力でうまくできるわけもなく、そのうちなにがしたかったのかもすっかり忘れて「イヤ～」と泣き叫ぶのが目的のようになってしまうぐちゃぐちゃな状態がくり返されることに、母親は疲れ果て、ときに感情の爆発を起こします。でも、働いている母親には救いがあります。ケンカした恋人との仲直りに冷却期間が必要なように、昼間離れているあいだに気分を切り替え、ちょっぴり反省し、新たな作戦を練り、次の闘いに備えることができるからです。

子どもが〈わたし〉という主体を築いていくのには、相当なエネルギーが必要です。どんなに理想的な親であっても、すべてそのコントロールに従っていては、子どもは自分の人生を生きていけません。ですから、どんなにうまい作戦を親が考えたとしても、この闘いは避けられないものと観念することです。なだめすかしたり、すりかえたり、だましたり。間違っても、正面突破（力づくで圧倒する）なんていう手は使わないほうが賢明です。子どもは、同じ手で親を従わせようとますます暴れるか、どんなに頑張っても〈わたし〉は認めてもらえないのだという無力感を学ぶことになってしまいます。

この時期は、どんな母親と子どもも、〈ほどよい距離〉をみつけるのに苦労します。アメリカの女性心理学者、M・マーラーという人は、母子の観察の蓄積から、乳幼児期の子どもの発達を、母と子の分離と個体化（物理的・心理的分離と個として自立していくこと）の過程として理論化しました。彼女の卓越した発見は、この分離の過程は一直線には進まず、ちょうど一歳半から二歳過ぎのこの時期に大きな揺り戻しがやってくるという事実です。「再接近期」と名づけられたこの時期には、子どもは母親のそばからぱあっと離れていって、自由を満喫するかと思えば、母親から見捨てられたらどうしようという不安や罪悪感の波に襲われて、母親にまとわりつき離れなくなるという両極の行動をとりがちです。さっき母親なんてまるで眼中にないみたいにひとりで遊んでいたのに、いまは赤ちゃんに戻ったようにおっぱいをせがみ、スカートの裾をぎゅっとつかんで離さないといった距離の振幅に、母親は振り回されずにはいられないのです。

ここで、「危ない！」を連発し、子どもを自分の手の届くところにとどめておこうとするのも、逆に、まとわりついてくる子どもを「もう赤ちゃんじゃないんだから」と振り払うのも、子どもの成長にとっては好ましくはありません。これはわが子が〈わたし〉を作っていくためのもがきなのだと受けとめ、ともに揺れ、離れても大丈夫という安心をその都度子どもに与え、距離の振幅を少しずつ小さくしていくのが母親に課された役割なのだと言えます。「魔の二歳児」と言われるゆえんは、単に子どもが自我を主張してやっかいであるというだけではなく、離れたいけど甘えたい、甘えたいけど離れたい、という二律背反の感情を解決すること（不可能な問題への対処）を迫られるからなのでしょう。

三歳という分岐点

そして、安井さんが「初めての分岐点」ととらえた三歳という年齢がやってきます。なぜ幼稚園は三歳児からなのか、乳児期に保育所に預けるのは「かわいそう」で、幼稚園ならそうではないのか。「三歳」に付加された神話的な幻想はさておくとして、子どものこころの成長という観点からは、三歳の子どもにはどんな区切り（それ以前との違い）があるのかをみていきましょう。

さまざまな発達研究からわかっているのは、三歳ごろになると子どもは自分にとって大切な対象のイメージを、必要なときにいつでも思い浮かべられるようになるということです。これを、「対象恒常性の獲得」と言います。たとえば、母親がそばにおらず不安になっても、母親イメージをこころのなかで思い浮かべ、安心を得ることが可能になるわけです。お母さんは、抱っこしてくれる優しいときも、怒っている怖いときも、そばにいるときも、いないときも、いろいろあるけれど、そこから作りあげた総体としての「母親イメージ」が子どものこころのなかに根づくのです。

同様に、箱のなかに片づけてしまったお気に入りのおもちゃは、目の前にはないけれども、いつもそこに「在る」ものとしてイメージでき、〈わたし〉もまた、寝て、起きて、着替えて、みた目は変わっていっても、変わらぬ自分であるという感覚が育っていきます。半日ぐらい母親と離れていても、「また迎えに来てくれる」母親の存在を感じながら、がんばろうとする〈わたし〉ができてくるのです。

幼稚園が三歳から始まるのは、こういった子どもの側の成長の節目に対応しているということがありそうです。自分を含めたさまざまなもの・ことがらが恒常性をもってイメージできるようになると、「ことば」もまたその瞬間の切実な思いの表現から、そこにないものを説明したり、こころにもないことをさもあるように話したりする、「いま、ここ」から解放された自由な表現へと変化していきます。この時期、子どもは母語の文法構造を急激に習得し、ときには言語学者が「ダムの決壊」と名づけたように、一気にことばが増えおしゃべりになるという現象もみられます。母親にとっては、嬉しい成長である反面、理屈をこね、過去のことまでもち出して反抗したり、うそをついたり、ごまかしたり、といったやっかいな自己主張に手を焼く存在ともなるわけです。

三歳が、実際に子育てする母親にとって「分岐点」と感じられるのは、子どもがしばらくのあいだなら母親と離れ、「ひとりでいられる」ようになることで、子どもの居場所の選択肢がぐっと広がるからなのですね。それ以前の乳幼児をどこかに預けるときは、必ず養育者に代わる保育者の存在が必要でした。子どもが不安や不快になったとき、それに気づいてすぐそばへ行って保護し、その場で対処してくれるひとがいる環境でなければなりませんでした。

しかし、三歳ごろを過ぎれば、「ことば」で自分の状態を表し、こころのなかに保持し、あとで家に帰ってから母親に伝えて解消できるようにもなっていきます。ほかの子どもとのやりとりも、活発になっていきます。保育園か、幼稚園か、こども園か、多言語教育など特色あるプログラムをもつ幼児スクールか、またどんなお稽古に通わせるか。働く母親なら、自分の勤務条件と預け先の諸条件とを照らしあわせながら、どれくらい子どもと離れる時間をもつのかを含めた、よりよい子育て環境を模索する余地が生まれるわけです。

ひとりでいられる力

ここで、もう少し説明しておきたいのが、「ひとりでいられる力」ということの意味です。前にも紹介したイギリスの小児科医、ウィニコットは、幼児期の大切な成長課題のひとつに「ひとりでいられるようになること」を挙げました。歩き始めた子どもは、少しずつ母親から離れて未知の世界を探索しては、またすぐ安全基地である母親のそばに戻ってきて接触し、安心を得ること（これをアタッチメント：愛着と言います）をくり返します。

子どもは少しずつ長い時間、母親の姿がないところでも自分の世界に没頭し、積み木を積んだり、絵本をみたり、空想に耽ったりして遊べるようになります。ふと不安になり、急に母親を呼んだり、母親のもとに戻ってきてまとわりついたりする「再接近期」を過ぎるころになると、母親がすぐに駆けつけてくれない離れた場所にいることがわかっていても、「母親のイメージ」を呼び出して安心を得ながら、「ひとりでいられる」ようになるのです。

ウィニコットは、「逆説的だが、誰かほかのひとがいるところでひとりでいる体験をもてた子どもだけが、ひとりでいられるようになる」と言っています。具体的にどういうことかというと、たとえば子どもが興味を引かれたもので遊ぶことに夢中になっているとき（それは、ティッシュを箱から全部出す、なんていう困った所業も含まれるでしょうけれども）、安全を確認しながら、母親は台所で料理していたり、隣室で読書していたり、といった場面です。ここでは、子どもと母親の距離はほどよく保たれています。

存分に自分の世界に没頭できる（ひとりでいられる）ためには、離れているけれどもこころのなかではいつでもすぐそばにいてくれ、自分を守ってくれる対象イメージが根づいていることが必要です。今日の子育てでは、どうしても先を急ぎ、子どもを存分にひとりにしておくことが困難です。熱心に子育てを考えるほど、母親はわが子と向きあって、文字を教えたり、パズルを解かせたり、意味のないようにみえるくり返しの遊びを早くやめさせようとします。しかし、それでは子どもは与えられるものを受けとることで精いっぱいになり、「ひとりでいられる力」が十分培われないまま成長していくことになります。

この時期に、どれくらい母と子が離れているのが最も成長を促すのかは、その子どもにどれくらいひとりでいられる力が備わっているかによって異なるでしょう。たとえ午前中のたった二時間でも不安でパニックを起こして耐えられない、という状況が長く続くなら、それは、母子分離の前提となる力がまだ備わっていないのではないかと考え、無理じいをしないことです。ただ、離れることの不安は、母親の方に大きくて子どもが反応を起こしている場合もあるので、事態は複雑です。ひとりでいられる力の有無は、親の側にも問われているのかもしれません。

時間イメージの拡がりと〈ほどよい距離〉の関係

さて、子どもが成長とともに思い浮かべられるようになるのは、ものやひとに限ったことではありません。どれぐらい遠いか近いか、過去か未来か、空間や時間のイメージも徐々に拡がりをもっていきます。たとえば四歳ごろになると、「きのう」「きょう」「あした」ということばが使えるようになります。ひとつ寝る前のわたし、いまのわたし、ひとつ寝た後のわたしを、連続性をもった一本の線のように理解することができ始めます。

たとえば、一歳半の子どもが好きなお菓子を買ってもらえなくて泣き叫んでいるとき、「あした買ってあげる」といくら言っても通じませんが、四歳ぐらいになれば、「あした」の自分がちゃんとこころのなかでイメージできるので、そのときまで我慢して待つことができるようになるのです。

同時にまた、「きのう」の自分もイメージできるようになるので、約束は守らなくてはなりません。その場しのぎで「あしたね」「こんどね」となだめても、子どもは過去のことを覚えていて「買ってくれるって言った！」と、結局対決を迫られることになります。いじわるをされたら、覚えていて別の日に別の場面で仕返ししようとしたり、未来のこうありたい自分を想像して、自発的になにかを頑張るということもできるようになります。最も遡れる自伝的記憶が四歳ごろのことが多いのも、このような時間的つながりのイメージができてくるからだと考えられます。

さらに、五歳ぐらいになれば、一週間後、二週間後の遠足を「もう何回寝たら行ける！」と、カレンダーをみながら楽しみに待つことができるようになります。「雨降ったらいやだな」と、未来の日をイメージして、その気持ちをことばにし、誰かに伝えたり自分に言い聞かせたりすることが可能になります。小学校に上がるころには、だいたい一週間がどれくらいの時間で、そのあいだにどれくらいの経験ができるのかを大ざっぱにイメージできるようになります。

このような子どもの側の時間イメージの拡がりと呼応して、親と子がどれくらい物理的に離れていても大丈夫かを考えていくことは、働く母親にとって、大きな安心の目安になるでしょう。一歳児を誰かに預けて、母親が一週間も海外出張に行ってしまうのは、子どものこころに大きな負担をかけることに違いありません。でも、三歳ならとりあえずその日のうちに再会できれば大丈夫、四歳なら一泊か二泊の出張、五歳、六歳なら最大一週間ぐらいは……というふうに考えてみれば、安井さんが書かれているような「働くことで感じるわが子への罪悪感」も、ずいぶんと減らせるのではないかと思います。

遠足が楽しみに待てる子どもなら、母親の帰りも楽しみに待てるに違いありません。離れて待つあいだ、子どもは自分の想像力を膨らませ、不安に打ち勝ち、こうありたい〈わたし〉を鍛えて育っていっています。離れている母親を待つ子どもは、けっしてかわいそうな受身の存在ではないのです。

もちろん、〇歳、△歳、というのは大まかな時期であって、一人ひとりの子どもによって準備状態は異なります。要は、三歳児「神話」や、親の側の不安に目を眩まされることなく、子どもの準備状態を細やかに理解し、その時期にふさわしい距離（近接と分離のサイクル）を調整していく工夫が、最も親と子の成長を促すということではないでしょうか。

学童期

——離れつつ見守ることの難しさ

小1の壁をどう越えるか

放課後のすごし方、勉強性をどう身につけるかなど

学童クラブに関する悩み

空きがあるか、何時までか、通学する小学校内にあるかなど

地域との関係が生まれる

平日行事への対応、ママ友との接し方など

中学受験への悩み

首都圏の半数の小学生は受験するというが、どこまで親がサポートできるか

体験記

「小一の壁」と夏休みの宿題

市田典子（精神科医）

早いもので大学を卒業して一五年、同世代の先生方は中堅どころの医師として活躍されていますが、わたしはといえば、出産・子育てで完全に職場を離れていた時期やフルタイムで働いていない期間を考慮すると実質一〇年分ぐらいの経験でしょうか。それでも精神科医という職業柄、出産や子育ての経験は大変役に立っています。医学の勉強として学んだ「人の発達過程」を実際に体験でき実感する毎日で、それまではみえなかった視点から患者さんと接することができるようになったと思っています。

わたしは現在小学校一年生になる双子の男の子を育てています。子どもが二歳になった頃からパートで仕事を再開し、診療業務をしていました。病院という場所柄、急な休みをとりやすい環境ではありました。しかし、精神科は患者さんとの関係性が重要な科ですので、急にお休みをすると職場に迷惑をかけるだけでなく、患者さんに対して申し訳ないという気持ちをもっていました。わたしには週に二回の外来でも、その患者さんにとっては待ちに待った外来の日なのです。いろいろ話そうと来ていただいて、受付で先生が急に休みになったと伝えられたらどれだけ落胆されるだろう、と常に迷いを抱えながら仕事を続けていました。
　幸い数年前から直接診療業務を行なわない職場に勤めるようになりましたので、以前に比べれば気持ちの負担は軽くなり、フルタイムで勤務しています。保育園の間は勤務時間を最長二時間減らして六時間での勤務が可能な時短勤務の制度（もちろん減らした勤務時間の分の給料はひかれます）があり、休暇も有給休暇の制度以外に子どもが病気になったときの休暇制度がありましたので、他に頼れる親族もいないなか、ベビーシッターさんを利用しながらなんとか仕事と子育てを両立させてきました。しかし、小学校入学時に問題が持ちあがりました。いわゆる「小一の壁」です。小学校に入学すると時短の制度が利用できないため、フルタイムでの勤務になり、結果的に子どもへの負担が大きくなります。これを機に辞めるか夫とともにかなり悩み、最終的には楽観的なわたしがなんとかなるだろうと子どもの力を信じ、仕事を続けることに決めました。なぜ小学校入学のタイミングで悩むことになったのか疑問に思われる方もいるかもしれないので、少々話が横道に入りますが、紙幅をいただいて書きたいと思います。

　じつは保育園は長時間預かってくれる前提の施設なので、勤務時間が時短でもフルタイムでもたいした違いはありません。勤務時間の選択は単に預かってくれる時間内に通勤を含めた仕事の時間が折りあうかということに左右されます。わたしの場合は自宅と職場が離れていたこともあり、時短を利用しましたが、フルタイムで通える範囲であれば、フルタイムで勤務したと思います。

それでは小学生はどうでしょう。小学生、特に低学年は学校の拘束時間が短いのです。置いといて欲しいとお願いしても、決まった時間になれば帰されます。家に大人がいる場合は帰宅できますが、大人が日中いない家の子どもたちは大人が帰ってくる時間まで過ごす場所＝学童（学童保育所）へ自ら移動しなくてはならないのです。

この違いというのは小学校低学年の子どもになると明らかな違いとして認識できると思います。家に帰れる子は帰宅後に友達と約束してお互いの家を行き来して遊びにいくこともできるし、習い事や塾に行くこともできます。学校だけでなく、社会のなかにさまざまな居場所をもつことができます。

かたや家に帰れない子どもたちは学校と学童が主たる彼らの居場所です。学童に行く子どもたちは自宅へ帰れる子どもたちの様子を実際に見聞きし、自分の状況と比べ、なんだか損をしているなと思うこともあるでしょう（それでも子どもというのはけなげなもので、多くの子どもたちは親に直接的に文句を言うことは少ないですし、自分の与えられた環境に適応して成長していきます）。さらに、学校は常に決まった時間で運営されている訳ではなく、学校の都合で早く帰ってくる日もあれば、長期の休みもあります。また親が学校に行かなくてはならない行事も保育園よりははるかに増えます。そういうさまざまな状況を含めて、小学校は保育園よりよほど親のかかわりが必要なところなのです。

しかし、多くの職場では子どもが成長して小学校に入学すれば手がかからなくなると思うのか、小学生まで時短制度が使えますというところは少ないようです。男女平等、機会均等ということで育児支援の制度が充実している職場は増えているように思いますが、子育ての実情にあった制度を作ってほしいなと常々思います。

話を戻して、本題である親子の適切な距離について考えてみたいと思います。その前に心理学的に小学生にはどのような発達課題があるのか簡単に説明しましょう。

小学生＝学童期というのは、E・H・エリクソンによれば「勤勉性を学ぶ時期」とされています。子どもは幼児期に自分がさまざまな能力をもっていることに気づき、家のなかでの日常生活（たとえば着替えとか食事とか）を自分でできるようになります。その次の段階として学校への入学があります。家庭での身の回りのことが一応できるようになった子どもたちはやがて学校で知識を学びながら勤勉性を身につけていきます。

場面に応じた必要な能力を適切に発揮し、与えられた課題に根気よくとり組んでいくことを学校生活のなかで学びます。生活の中心が家族のいる家庭から友達や先生がいる学校になり、集団生活をすることで他者とのかかわり方を学び、忍耐力や他者を思いやる気持ちなども成長していきます。そして学校の勉強は知識を学ぶだけでなく、この「勤勉性を身につける」ということも含めての勉強と言えます。決まった時間集中して授業を受け、与えられた課題を適切にこなしていくことを通して、社会人になって働くときに必要な勤勉性の基礎を身につけます。そのような前提を踏まえた上で、「学校の宿題」を通して親子の関係性について考えてみます。

学校へ行くとほぼ毎日宿題が出ます。そして夏休みのような長期間の休みにも宿題がでます。宿題はやってもって行くのが大前提です。親は当然そのことを知っていますが、宿題を初めて出された子どもはそれすらも知りません。でも、真面目な子は親に言われなくてもやってもって行くでしょう。遊びに忙しい子はなんとかしてやらずにすませようとするかもしれません。

一年生の最初の宿題の目的ってなんでしょう。完璧に仕上げること？　とりあえず先生に言われた通りにやってもって行くこと？　わたしは教師ではないので、あくまで推測で書くことを承知の上でお読みいただけると助かりますが、おそらく一年生の最初の頃の宿題というのは、家で勉強をする習慣をつけるために出されると思います。だから中身はどうあれ、やってもって行けば良いのではないかと考えます。もちろん先生は子どもたちにはそんなことは言わないでしょう。でも、やってもって行けばどんな内容でもよく頑張ったと評価してくれるはずです。この「行動↓評価」というくり返しを通じて、努力が報われる体験をし、勤勉性を子どもは養っていきます。そのうちに評価は厳しくなり、評価されないこともあるのですが、きちんと成果を残せば先生は良い評価を返してくれます。子どもは褒められたらまた頑張ろうと思いますから、また一段と勤勉性が強化されていく訳です。

そう考えると、親は当然宿題をきちんと仕上げるように声かけをしないといけません。毎日の宿題は大概その日の授業でやった内容の復習的なものですし、量的にも短い時間で終わるものです。習慣がついてしまえばそんなに親が苦労しなくても、多くの子どもたちはきちんとやります。毎日の宿題＝勤勉性を養う＋授業の復習と思って、一年生の最初に上手くかかわれば、子どもはきちんと習慣化できるはずです。注意すべきことは一年生の最初の時期に親が成果を求めすぎない、たとえば間違いを指摘して書き直させたりして、宿題をするのは辛いこと、完璧に仕上げてもって行かないとダメなものだと子どもに思わせないことぐらいではないでしょうか。

さて、長期の休み＝夏休みや冬休みの宿題は通常の宿題と少々色合いが違います。ドリルのような定型的なものは日頃の宿題の延長ですが、創作的なものがあったり、なにをやってもいいよという自由研究のようなものがあったりします。また夏休みは長い上に、学校という枠組みがなくなるので、子どもの「勤勉性」は発揮されにくくなると言えます。「自由」を手に入れるので勤勉性だけでなく、先を見通す計画性や自分を律する気持ちなどをもちあわせていないと夏休みの宿題を終わらせることはできません。なんと言っても楽しいことが盛りだくさんの夏休みなのです！　そんなとき、親はどうかかわるべきなのか、ちょっと考えてみましょう。

夏休みの宿題へのかかわり方というのはそのご家庭の教育方針が出ると思います。またその子が小学校の低学年なのか、高学年なのかでも変わってくるのではないかと思います。

参考になるかはわかりませんが、わたしの子どもたちの夏休みの宿題の話を交えながら考えていきたいと思います。

昨年の夏、わが家の双子の子どもたちは「絵日記」というたいそうな宿題を幼稚園からもらって夏休みを迎えました（親がどうかかわるかの例題としての話ですから小学生ではなく幼稚園というのは、気にせずに読み進んでいただけると嬉しいです）。

宿題は絵日記を五ページという、まあ微笑ましい程度のものです。さらに、日記といってもかなり緩い制約で、日付は書いた日付、内容はこの夏休みにあったことならなんでもという「日記」の体《てい》を無視したものです。常識的に考えれば「日記」というのはその日あった出来事をその日の日付で書くものですから、この「絵日記」の宿題は小学校へ行って日記を書くための練習だなと思い、内容はともかく与えられた枚数を書いて出せばいいんだなとわたしは思いました。

そして、夏休み終盤、双子のうちひとりは四枚終わり、ひとりはたった一枚しか終わっていないという状態でした。二卵性の子どもたちは双子とはいえ、性格はばらばらですので、結果、行動も違います。

四枚書いた子（以下はS君）は毎回書く気満々で机に向かうのですが、どう書いていいか困ると「ママー、どうしたらいいー?」とやってきます。わたしが「できないならやめればー?」と答えると、「できない、できない」と泣きます。でもわたしは手伝いません。

とにかく出せばいいと思っていても、わたしの教育方針として自主的にやらせることが大事と考えているので、「できないならできないまま幼稚園にもって行きなさい」と子どもに言います。そして「それがいまのあなたの力量なのだから、先生にできませんでしたと言いなさい」とも教えます。そして、それを聞いたS君は半べそになりながらも自力で書き上げて、「上手くできたね」と言われるとニコニコになります。でも毎回書くたびにこれをくり返すのです。わたしも毎回同じ声かけをします。そうして彼は夏休み期間できちんと五枚を書きあげてもって行きました。立派に誰の手も借りず、仕上げました。この夏休みの経験は必ず彼の力になったはずです。

さて、一枚しか終わっていない子（以下C君）はどうするのか……。夏休みはもう一〇日もないのですが、毎日忙しく遊んでます。「やらないと夏休み中に終わらないよー」ということは言いました。「できない」といつも泣くS君に言った言葉も間接的にはC君も聞いているはずです。あと、どうするか考えるのは彼です。

やらないでもって行くのもまあ良しでしょう、と夏を満喫している彼をみていて思いました。夏休み最終日、C君は四枚の白紙を前に困り果てていました。幼稚園の先生の話ではC君は幼稚園では大変優秀ということになっているらしく、もって行かないという選択肢は彼のなかにはありません。S君に言ったように伝えても、ただ「やってよー」と無責任にお願いしてくるだけです。ママはやってくれないと悟ったC君はパパに泣きつきました。優しいパパはちゃんとやるんだねと約束した上でお手伝いすることにしたようです。

しかし、C君はまったく他力本願で、とうとうパパに「なにを書いたらいいー？」と丸投げで聞いていました。

ふと、そこで素朴に疑問に思いました。

「親はなぜ子どもの宿題を手伝うのかしら？」「自分の子どもが宿題を終わっていないと親のせいだと言われるのが怖いのかしら？」物事を穿ってみがちなわたしは親のメンツの問題とまで考えたのですが、割と多くの親が子どもの宿題を手伝っていると思います。どうしてなのでしょう？　本当に疑問です。

やはり現代の親子の距離感に問題があるんだろうなと思いました。うちの夫もどちらかというと手伝う方です。基本的な考え方はわたしと一緒で「自分でやらせれば良い」ですが、わたしと違って最終的には手伝います。手伝うときにやたらと丁寧にやり方を説明してやらせようとするのです。みているわたしは、手を出し過ぎ、自分で考えさせればいいのにと思います。できないのもひとつの結果なのに、と。客観的に考えるとここにふたつの問題があるように思います。ひとつは過干渉ではないのかということ、もうひとつはできなかったという現実をどう子どもに受けとめさせるのかということです。

親が手伝うことをすべて否定する訳ではないので、終わらせる努力をさせるための手助けは良いことだと思います。でも、もし手伝っても終わらなかったら、終わらない現実にきちんと子どもを直面させて、どう対処したらいいかを親が教えるべきだと思います。これは親が宿題を終わらせるよりよっぽど手間かもしれません。でも、ここで親が安易に手伝わずに上手にかかわると、子どもにはできないことに直面しても乗り越えていく力がついていきます。成長していくなかで挫折に出会わないひとはいませんが、上手く成果が得られなかったときの対処方法を学んでいれば、挫折したときのダメージは少なく済むはずです。「宿題が終わらない」というのは小学生の子どもにとっては大きな挫折です。最近は苦労や挫折はない方がいいなんて言いますが、この挫折体験をすることも成長する上では必要なことだと思います。できなくても努力をした事は親が認め、その上で現実的な対処方法を教えることは、二元的な「できた／できない」という視点とは異なる物事のとらえ方を手に入れることにつながります。できないときの対処方法は学校では教えてくれません。家庭でこそ少ない機会を生かして親が教えるべきことだと思います。

親が宿題を手伝うことで子どもにどのような影響を及ぼすかを親自身が自覚していなければ、それは単なる過干渉なのではないでしょうか。親が先回りしすぎていろいろ指摘するのも良くないと思います。

たとえば絵を描くとき、子どもたちは現実の色とは違う色を塗ることがあります。そうしたときに、あなたはそのまま見守りますか？　それともその色は違うからこっちの方が正しい色だよと教えますか？　わたしは色が違うと言うのは干渉し過ぎだと思います。その子は感じたままに塗りたいと思ったからこそ、現実とは違う色で塗ったのでしょうし、その色こそがその子の現実なのです。親の感覚は親の感覚、子どもはまた別の感覚をもっているのですからそれを尊重し、認めてあげるのが良いと思います。ちょっと気になると思っても、この子にはそうみえているのか、素敵な世界なのかもねって思ってあげられる親でいたいものです。

小学生の親というのは手がかからなくなった分、心配も増えます。でも、親の現実や理想を押しつけずに子どもが生きるままに見守り、困ったら適切に手を差し伸べるというのが良い距離感のようにわたしは思います（と書きますが、実際に適度な距離でかかわるのは大変難しいことだなと思う毎日です）。小学生になると「成績」というみえる形の評価が学校から来る分、干渉的になりやすくなると思います。でも自分の子どもを信じましょう。どんな子どもたちも可能性に満ちているはずです。そして自分の子どもなんだから良い子に育つに決まっています。わたしはいつも根拠なくそう思います。

保護された生活から、自分で自分を守る生活へ

専業で子育てしている母親にとっては、子どもが小学校に上がるという節目は、ようやくまとまった自分の時間がもて、パートに出たり、趣味の活動を再開したりできる解放のときとしてイメージされることも多いでしょう。しかし、働く母親にとっては、市田さんの経験がその典型であるように、大きな選択を迫られる苦悩のときとなります。

学童期

それまで保育園という守られた場に託すことができていた子どもは、入学後の数週間を過ぎれば、子どもだけで登下校し、また放課後は自分で自分を守りつつ親の帰りを待たねばなりません。朝の登校時間は、何時何分から何分までというふうに決められているのが普通ですから、朝早い仕事に就いている場合、子どもは親の出勤後に家を出なくてはならないことも出てきます。また放課後は、学童保育所へ行かせるか、近くの祖父母宅に帰らせるか、友人宅にお世話になるか、学習塾やお稽古に直行させてそこへ迎えに行くか、鍵をもたせて自宅で留守番させるか、それよりは自分が仕事を減らして（辞めて）家にいるか、といった居場所の確保の問題に親は直面します。

いずれにしても、移動中は子どもの身の安全を誰か大人が常に保証してくれるわけではありません。この、保護された生活から自分で自分を守る生活への移行を無事果たせるよう、母親は奔走しなくてはならないという大きな壁に直面するのです。

基本的に、日本の学校教育制度は働く母親の存在を前提としていないので、多くの行事やＰＴＡの仕事は平日にあります。かりに週末の行事開催であっても、その分の代休が必ず平日に設けられます。また、インフルエンザの流行などで何日も学級閉鎖が続くと、元気をもて余した小学校低学年の子どもを日中ずっと家に置いておくのは至難の業です。気象警報が出て急に下校した場合なども、親の仕事は休みにはなりませんから同様です。

近年、学童保育所（放課後一定の時間まで子どもを預かってくれるところ）は結構整備されてきましたが、その保育の内容は組織・施設によってさまざまです。子どもが放課後徒歩で無理なく行ける範囲を考えると、実際の選択の余地はあまりありません。なかには、保護者が共同経営を行ない、家庭に代わる教育と保育を指導員がしっかりと提供してくれるところもありますが、公立で保育料負担が少ない分、ほとんど放任で、ランドセルを置く場所が与えられているだけに近いところもあります。自分が行くことになった学童保育所で、自分とソリのあわない子どもがいたり、年長の子どもが幅を利かせていたりすると、「面白くない」と言ってあっという間に学童保育所には行かなくなり、自宅や友人宅で自分のしたいことをして過ごそうとする子どもも出てきます。

田舎の伝統的なコミュニティが残る地域ならいざしらず、隣に誰が住んでいるのかも定かではないような都会生活では、小学校低学年の子どもだけで長時間自宅や公園で過ごさせるのは、大きな危険と隣りあわせであることは明らかでしょう。では、親としてはどうすればよいのか。これは、母親が仕事を辞めて家にいれば、解決するというような単純な問題ではありません。たとえ専業で子育てする母親であっても、同じ課題に向き合うことが求められているると言えます。

この時期、親にとって大事なのは、子どもが自分で自分を守り、小学生としての生活を自力でやっていけるための、具体的、現実的な知識と技能をしっかりと教え、その上で子どもを信頼して見守る覚悟をすることです。たとえば、登校後に忘れ物に気づいたとき（働く母親は、専業の母親のように後から届けることもできません)、先生にどう伝えるか、なにを友だちに借りてよいか、よくないか。登下校中に困った事態が起きたとき、どこ(誰の家)に駆け込むか、電話はどこで借りられるか、災害が起きたときにはどこの避難場所で家族と落ちあうか。ひとりで(徒歩で、自転車で)出かけてよいのはどこまでか、お小遣いは一日いくらまでなら遣ってよいのか、ダメなのか。ひとつひとつ確認し、どこまで距離を置いて見守るのがよいかを考えていくことです。

一概には言えませんが、専業の母親の場合は、すぐ手を出して守ってやりたくなる(近づきたくなる)気持ちを抑えるのが難問となり、働く母親の場合は、早く自立してほしくて突き放したくなる(遠ざけたくなる)気持ちを抑えるのが難問となりがちです。親が子どもと別れがたい思いで後ろ髪を引いても、逆に自立を焦って手を放そうとし過ぎても、子どもは不安になり、甘えが強くなったり学校に行き渋ったりする反応を起こすことがあります。日々の宿題をどうするか、また移行期の最後の仕上げである「夏休み」をどう過ごすかも、市田さんが双子と両親のかかわりをエピソードとして紹介してくれているように、親と子のほどよい距離の構築を試される局面と言えそうです。

IT機器とこころの距離

ところで、昨今は子どもの安全管理という名目で、小学校になると子どもにキッズケータイをもたせる親が増えました。すでに保育園や幼稚園のころからもたせ、お稽古や学習塾のお迎え時間を連絡させるために使っている家庭もあるようです。両親とも働いている場合は、急な予定変更の連絡などに備えるという理由も大きいでしょう。これらのＩＴ機器にはＧＰＳ機能がついていて、親はいま子どもがどこにいるか、いつでもすぐ探し当てることができます。私立小学校へ電車通学させるような場合には、学校と保護者が共同でＩＴのネットワークを用いた安全管理のシステムを作っている例も普通になってきました。子どもが学校の門をくぐるたび、また通学の駅の改札を通過するたびに、お知らせのメールが親に届きます。急な事情でいつもと違う時間に下校するときも、学校から事前に連絡が一斉配信されます。

たしかにこのようなＩＴの活用は、親子双方にとって安心をもたらすものでしょう。しかし、得るものがあれば失うものがあるというのもまた、この世の人生の理というものです。

そこにいない親を待つとき、またそこにいない子を思うとき、わたしたちは、不安と闘いながら、「いや、大丈夫」と相手のイメージをこころに浮かべ、状態を想像し、そこに寄り添いながら信じて待つということをしています。自転車で遊びに行った子どもがなかなか帰ってこないとき、親は、交通事故に遭ったのでは、道に迷っているのでは、誰か変な人についていっていないだろうか、いや友だちと遊ぶのに夢中になって時間を忘れているだけだ、帰ってきたら叱ろうか、いや無事を喜ぼうか、と揺れ動きながら耐え、そうして距離を置きつつ見守れるこころが鍛えられていくのです。子どもが親を待つときも同じです。

ＩＴを介した昨今の親子の関係は、こういったこころの鍛錬の機会を奪うとともに、親と子の〈ほどよい距離〉を見出すことを困難にしています。いつでも親が子を管理でき、コントロールできるという意味では近すぎる距離が維持されますし、逆にいつでもつながれるという安心感の代償として、本当に子どもが親を必要としているときを見落とし、こころは遠く彼方に離れてしまっているという落とし穴も潜んでいるのです。

今日の親子をつなぐＩＴ機器を〈ほどよい距離〉の構築のために有効に使えるようになるには、まだまだ多くの親と子の経験と知恵の蓄積が必要かもしれません。いつでもつながれる安心を、敢えて「手放す」タイミングをつかむのは、意外に難しいものです。

ギャングエイジと親の役割

学童期は小学校一年生から六年生までの時期を指しますが、前半の低学年と後半の高学年ではこころの成長課題は異なり、親のあるべき役割と〈ほどよい距離〉のとり方も大きく違ってきます。

最初の移行期の山を越えると、小学校低学年の子どもは二年から三年にかけて、「子ども時代のピーク」を迎えます。数人のグループで群れて、同じ遊びに興じたり、なにかを競いあったりします。心理学や教育学の領域では「ギャングエイジ」とも呼ばれ、ときにはギャングのように、勢い余って大人の困るような悪さをしたり、仲間同士の衝突も起きますが、心身の危険が迫っていたり、社会のルールとしてこれは絶対にやめさせなくてはならないという事態でなければ、親は介入せずに見守るのが好ましいでしょう。

市田さんも書かれているように、学童期は「勤勉性」を獲得する時期です。勤勉性とは、社会で生きていくための最低限の技能であるいわゆる「読み書きそろばん」と、集団生活のルールを学ぶ力のことです。読み書きそろばんは家庭や学校の授業でも学べますが、集団生活のルールや仲間のなかで生きていく力は教科書の知識だけでは身につきません。群れて過ごす経験のなかで、子どもたちは、グループ内での力関係や、守るべき約束事や、誰が一番走るのが早くて、読み書きのテストの点では誰が一番で、人への優しい気持ちを一番もっているのは誰か、といったことを知っていきます。同時にそれは、グループ内での自分の立ち位置を知り、自分はなにができて、なにができないか、ときにはできない劣等感を味わうことも意味しています。

市田さんが紹介されたことを補足すると、心理学者のエリクソンは、学童期のこころの発達課題を「勤勉性」対「劣等感」という対のキーワードで表しました。これは、子どもはただ勤勉性だけを足し算のように身につけられるわけではなく、劣等感を体験し、しっかり向きあい、それを克服して自分らしい勤勉性（自信）を獲得していくことによってこそ、学童期を卒業していけるという、両極の葛藤の必要性を意味しているのです。

近年の義務教育現場では、集団のなかで順位をつけ子どものできるできないをはっきりさせることを、極力回避する傾向があるように思います。成績評価も、相対評価（集団内での位置）ではなく絶対評価（目標に到達したか、していないか）になりましたし、運動会のかけっこでは、予めタイムを測っておいて似た速さの子どもを四人ぐらい同時に走らせ、個人ではなく赤白の組対抗として勝敗を決めていたりします。その結果、できる子もできない子もそれぞれの能力、特質に応じて、自分に見合った自信を獲得することが難しくなっているのです。市田さんが書かれている、「できないときの対処方法は学校では教えてくれません」という嘆きは、今日の学校教育のあり方からすれば、当然のなりゆきと言うことができます。

では、家庭で親がどのようにしてこの発達課題に子どもとともにとり組めばよいかということの試行錯誤が、宿題をめぐる市田さん一家のエピソードからはみえてきます。勉強に限らず、明日の準備物を揃えること、家のお手伝いをすること、友だちと約束して遊ぶことなど生活のさまざまな場面で、「できること、できないこと」はあり、その都度親がどのような距離で子どもとかかわるのかが問われます。

気をつけておかねばならないのは、親と子のこころの距離が近すぎるときです。わが子を自分の分身のように感じているとき、親はしばしばわが子ができないことで自分が挫折し傷つくように感じて、「できないこと」を認めたくないという衝動から、子どもができるように手助け（という名の肩代わり）をしてしまう場合があるということです。子どもの習字にダメだしをして何回も書き直させたり、絵や作文に手を入れたり、友だちと上手く遊べるようにと相手の親を通して誘いの電話を依頼したり、わが子にきついことを言った子どもを指導してほしいと担任に掛けあったり、といった母親の行動はそうめずらしいものではありません。もちろん、子どもが低学年のころは自力で克服できないことも多いので、大人の手助けは必要ですが、少なくとも子どもが求めていないときに肩代わりを買って出るのは、過剰な接近だと言えるでしょう。

この時期の親の役割は、徒党を組む子ども同士の関係、先生と子どもとの関係などを一定の距離を置いて見守り、たとえばいじめっ子とどうつきあうか（あるいはつきあわないか）といった難問に子どもがぶつかったときにのみ、解決（その相手との距離の調整）を助けるというあたりにあるのではないでしょうか。できないことをできるように、という教育はもちろん大事ですが、できないときにどうしたらよいかを教えるには、ほどよい親と子の距離が必要です。自分の子どものころの失敗談を、ユーモアを交えてたくさん語って聞かせられるような、そんな母親が素敵だなあと思い浮かびます。

前思春期――抽象的な世界が開ける

高学年になると、子どものこころの世界はまた飛躍的な変化を遂げ、次の成長段階に入っていきます。教育学の領域では、ときどき「九歳の壁」ということが言われます。それまでは、具体物のイメージを通してしか思考できなかった子どもが、ちょうどこのころを境に、具体物のイメージがなくても、抽象的・論理的な思考ができるようになっていくのです。早期教育を促す立場から、脳の機能は九歳ごろに大人に近づく（一定の成熟に達して固まる）ため、それまでの訓練や学習が肝要だといったことがときどき強調されるのも、同様の根拠によります。しかし、心身の障害があったり、発達の遅れが大きい場合には、この移行期が越えられない子どもがいるという発見から、「壁」という表現が生まれました。

具体物のイメージがなくても思考できるとは、どういうことでしょうか。低学年の子どもは、たとえば「半分」ということを理解するのに、りんごを半分に切って分けた形のイメージを浮かべます。「お母さん」について考えるには、自分の母親や、身近な友だちの母親を思い浮かべることが必要です。「あした」を考えるには、具体的な今日という日の次の日をイメージします。ふつうこの段階では、子どもはなんとなく母親や父親を、あしたもその次の日も、ずっと自分とともにいて守ってくれる存在のようにイメージしています。しかしながら、あるときふと親はいつか死んでこの世からいなくなり、その先には自分も死んでいなくなるということに直観的に気づきます。時間は過去から未来へと永遠に流れ、宇宙空間は無限に広がっていることを、具体物を超えてイメージするようになるのです。「あした」という言葉は、何十年先の未来をも表すことに気づきます。量を扱うにも、半分は二分の一というだけでなく、二分の一の二分の一は……と具体物がなくても頭のなかで操作することが可能になります。お母さん、友だちをどう思うかではなく、「母親とはなにか」「親友とはなにか」といった抽象的思考ができるようになっていきます。

抽象的な世界が開けることは、ときに子どもに恐怖と混乱を生じさせます。ひとりで身の回りのことをなんでもできるようになって、親が安心していると、小学校四、五年生ごろになって突然夜泣きが始まり、「怖いからお母さん一緒に寝て」と母親から離れられなくなるといった状態が起きることがあります。永遠の時間のなかで、この時代に、この親の子に生まれたということの偶然の意味を受けとめ、またその関係の有限性を認めるのは、まだこの年代の子どもにとって易しくはないのです。わたしの娘は四年生のあるころ、毎週末に食事にわが家を訪れていた祖父が夜帰るとき、玄関に出て真顔でじっと見送るようになりました。それまでは、楽しく遊んで、おしゃべりをして、それだけだったのが、明らかに様子が変わったのです。なぜそうするのかを問うと、「だって、もう会えないかもしれないでしょ」という答えが返ってきました。彼女の世界の時間軸が、抽象世界のそれへと開けた節目だったのでしょうか。おそらくは身近で大切な対象がいつかいなくなるという、その不安を埋めあわせるために、「お見送り」の儀式は何か月か続いて、いつの間にか自然に消滅しました。

一方、このような内的世界の変化を空想の楽しみとして経験し、世界中に本当に存在しているのは〈わたし〉だけで、ほかはみな自分が作り出した幻想なんじゃないかと哲学的な思考を始める子どももいます。この時期の子どもは、親が静かに耳を澄ませていると、大人でもはっとするような、物事を見通す目をもっていることがわかるようなことばを発してくれることがあります。親にだけ話す子ども、親友にだけ恐る恐る告げる子ども、誰にも語らないまま忘れていく子ども、とさまざまですが、「勉強しなさい！」の声にかき消されて、この時期の子どもの不安や驚きや不思議の声を聴き取れないまま過ぎていくとすれば、それは本当に残念なことだと思います。

抽象的な世界が開け、大人のような思考ができるようになると、子どもは客観的に自分を内省したり、相手の立場に立って、離れた視点からものごとをみることもできるようになっていきます。しばしば、チャムと呼ばれる同性同年代の親友をみつけ、親よりもその子の目を通して世界をみようとしたり、自分自身を作りあげていこうとします。親から距離を置こうとする動きが強まると同時に、幼児期の「再接近期」のように、急に分離への不安や罪悪感にかられて母親に甘え、まとわりつくような行動も生じるので、親の側の「距離の振幅に耐える力」と柔軟に合わせられる力が求められます。ここで、いったん自立したのだからと、親の側が一貫した態度にこだわるのは、〈ほどよい距離〉とは言えません。この時期の甘えの揺り戻しは、しっかり受けとめて安心を与えてあげることができれば、たいていほどなくやわらぎ、再び子どもから離れていきます。

この、抽象的な世界が開け、しかもまだ思春期の第二次性徴が訪れる前の短い期間を、心理学や精神医学の領域では「前思春期」と呼んで、児童期とも思春期とも異なる成長の意義をもつ時期として区別しています。とくに女の子の場合は、今日では小学校六年生ぐらいから思春期に入る場合が多く、次の成長課題がやってくるので、ほんの二、三年のわずかな時間しかありません。透徹した目と、不思議な力をもつ、一瞬のうちに通り過ぎていくこの移行期の輝きに注目し、生涯のテーマとして描き続けているのが、世界に知られる映画監督の宮崎駿です。『千と千尋の神隠し』の主人公の千尋はちょうど十歳ですし、ほかの主要作品に登場する少女の主人公の多くも、前思春期の世界を生きています。

小学校高学年の子どもとのつきあいには、「愛ってなに？」「生きるってどういうこと？」と語りあえ、大人としてやがて生きていく上での価値観や世界観の基礎を作る、大事な要素が含まれています。これからその時期を迎えるという人は、わが子のなかの千尋や、シータやパズー（宮崎駿監督『天空の城ラピュタ』の主人公）との出会いを楽しみにしてほしいと思います。

思春期

——戻れない橋を渡るとき

性の問題と非行への心配

親が家に
いないがゆえの心配も
増えてゆく頃

高校・大学受験への悩み

塾や進学先選びを
どこまで本人に
任せるか

子どもとの距離感に一番悩む時期

親が遠慮したり気を
使ったりして逃げてしまう
ケースも多いという

思春期特有の反抗期

親子の関係によって
反抗期がない場合も
あるという

体験記

わが家の反抗期

角田直枝（看護師）

　これが荒れた方なのか、そうではないのかわたしにはわからない。世間様に比べれば、思春期らしいエピソードが満載のような気がする。いや、もっと深刻そうなうちもあったっけ。

　さっそくだが、反抗期の話に入る前に、まずうちの子どもたちを紹介しよう。うちの子どもは、長男、長女、二男の三人で、みな二歳間隔。わたしが産前産後休暇しかとらないで働き続けたので、全員〇歳から保育園生活。だから、保育園時代も小学校時代も、それぞれの六学年分のなかに三人が一緒というときがあって、これは結構便利だった。そして、保育園も、小学校もそれぞれのべ一〇年間を過ごす場所であったから、わたしにとっては馴染みの場所。ところが、中学・高校となるとずいぶん違う。中学・高校は、保育園や小学校と同じ六学年のはずなのに、わたしにとって懐かしさはない。それは、たぶん、子どものなかのわたしが知らない部分が増えて、子どもとの距離が広がったからなのだと思う。

　話が遠回りしたが、わが家の三人の反抗期を要約すると、長男は茶髪、ピアス、バイク、女の子、たばこ、遅刻欠席の山。長女は中学卒業前の一か月、友人との関係がもとで一か

思春期

月不登校だった。二男は中学・高校はまあまあ穏やかに過ごしこのまま順調かと思いきや大学卒業の直前に退学。どの子もそれなりに、わたしの予測を裏切ってくれた。

わが家の反抗期のなかで、もっとも武勇伝をもつのが長男。彼の名誉のために、最初に断っておくが、彼は現在、たくさんのよい友達に恵まれ、仕事と遊びを上手く両立する健全なサラリーマンをやっている。あの思春期の頃の彼は、いったいなんだったのだろうと思うくらいだ。

彼は中学生までは、妹、弟の面倒をよくみる明るくお茶目な兄だった。ところが、中学校を卒業した途端変わった。なんと卒業の直後、髪の毛が茶髪に、その翌週には金髪に、そしてその次は脱色して真っ白に、そして四週目は高校の入学式直前に真っ黒になった。わたしは彼とヘアカラーについて話しあう間もないくらい、あれよあれよと色が変わった。さぞご近所の方たちが驚いていただろう。そして入学したらすぐピアスの穴が開いた。ピアスには安全ピンをぶら下げて登校した。「なぜ安全ピン?」と尋ねるわたしに、安全ピンは校門の手前で、耳から制服のブレザーに付け替えられるからだという答えが返ってきた。わたしは不謹慎にも「すごい工夫!」などと思ってしまった。

ヘアカラーやピアスはいくらか心配はあったものの、「これも通る道」などと、まださほど動揺もしなかった。しかし、遅刻と欠席が続くようになったのは困った。毎年、進級が危ぶまれたし、そのためにしょっちゅう担任の先生から電話がかかってきた。そのうえ、部室で喫煙して、それを隠そうとしてばれて、謹慎処分になったのも参った。彼の高校は、謹慎処分のときには、親も校長先生の前で謝罪させられ、反省ノートを書かなきゃならなかった。そして、三年になっても相変わらずの遅刻と欠席で、あと一時間休んだら卒業できないというぎりぎりの線でようやく卒業できた。わたしは、あの高校には二度と足を向けたくない。

彼は、家でも面白いことをしてくれた。あるとき、長女がわたしのところに慌てた様子でやってきた。なにかと思えば、「お母さん、大変」とひそひそと話して、長男の机のところにわたしを連れて行った。彼女が言うことには、自分が文房具を借りようと、兄の引き出しを開けたら、変なものを発見したというのだった。この変なものとはコンドームであった。長女の名誉のために、長女がすぐに気づけたのは、学校の性教育の賜物であるとつけ加えておく。

さて、中学生の長女が兄の机からコンドームを発見という事件。現場検証に駆り出された母親がとるべき態度とは、どのようなものだったろうか。わたしは、破れかぶれなノリで、「君（長女のこと）もなにかのときのためにもっておくとよいから、もらっておけば？万が一のときは、これで望まない妊娠を避けられるからね。女の子は妊娠すれば学校生活や進学が難しくなることがあるからね」と話したのだった。長女は「ふうん…、でもいまはいいや」と、冷静に答えて、次の瞬間、いつものように自分の部屋に戻っていった。わたしは一応落ち着いたふりしていても、内心はどきどき。だから、自室に戻った娘を見送って、思わずほーっと深く息を吐いた。

二男は、小学生のときに反抗期の兄を批判していた過去を忘れ、大学生になってからやってくれた。遅刻と欠席で大学を五年行くことになったあげく、卒業直前で退学。理由は、このまま勉強を続ける気持ちになれないのだと言った。二男には二男なりに希望の仕事があって、大学卒業を目指すよりも、その仕事への挑戦を優先したいというのだが、親からみれば「世間は君の思い通りになるものか」「せめて大学は卒業すればよいのに……」と呆れた。

思春期は大人の社会への関心と反発。関心があるからやってみたいし、でもそれはまだ子どもには許されないことも多い。そうなると、なぜそんなルールがあるのかと腹を立て、勝手な行動にでるのがその時期の反応だろう。たしかに、自分だって、高校生のときに授業中にわざと堂々と漫画を読んだり、親に八つ当たりをしたことがあった。長男のエピソードに比べればかわいいものだったが、きっとわたしの親も戸惑ったに違いない。

それではわたしは母親としてどうだっただろうか。もちろん、学校に行く時間になっても、平気で布団をかぶっている息子を叱った。高校を辞めるなんてことになったら、どうなるのかと不安なときもあった。ただわたしは、心のどこかで、「こんな時期もあるさ」と開き直っていた。そして、「いま、こんなことをやっていても、いつか、どこかで、わかるだろう」と楽観的に考えていた。いまも、社会人としては頼りなくみえる子どもたちだから、そう安心でもないけれど、それでもやっぱり、「なんとかなるだろう」「彼らの人生だから、彼らが自分で悩むしかない」ととらえている。

思春期は、子どもが社会に出る直前の時期。親は、ここに来るまでのあいだに、離れる準備をしておく必要がある。わたしたち親子は生後数か月から、保育園を使い仕事を続けたので、かなり準備ができていた。そもそも、子育てとは、子どもを社会に送り出すこと、つまり、子どもを切り離していくプロセスだと思う。そう思えば、思春期にみられる反抗や反発も、順調な反応だと思えるだろう。そう、だからわたしは反抗期にも母親業を楽しんでいた。「反抗期、よーし、その調子、その調子」。そう思うと、反抗期の嵐のなかでも、子どもを好きでいられるんじゃない!?


ところで、これって、職場で後輩を育てるときも同じだと思う。後輩や部下が成長していくときも、ときに扱いにくいことになって、まさに反抗期？　になることがある。ほかにも、子育てが仕事につながる場面はいろいろある。

たとえば、保育園でボディペイントや餅つきをしたが、こんなの家庭では絶対できない。さすが、保育士さんだなあと思った。こんなことから、自分以外の職業・資格の専門性を尊重する姿勢が身についたように思う。それから、小学校になって学童保育所に入ったら、夏休みにサバイバルなキャンプに行くことになった。これも、わたしだけなら子どもに体験させられなかった。キャンプの夜には、子どもたちが寝静まってから、親たちは夜遅くまでキャンプファイヤーを囲んで飲んでしゃべった。そして次の日、川遊びやカレー作りをするときに、自分の子どもじゃなくたって、褒めたり、ときに叱ったりして、それまで以上に互いを知ることにつながった。こんなことから、未知のことに挑戦するわくわく感をもち続けられたり、日頃接点のない立場のひとからの刺激に価値をおいたりできるようになったと思う。このような積み重ねが、自分の柔軟性や多様性を育ててくれたのだと思う。

たしかに、働きながらの子育ては、子どもと一緒にいる時間は少なくなる。専業主婦のひとよりも、子どもを視界に入れている時間は断然短い。しかし、どうせ子どもは離れていく。始終一緒にいなくても、相手の存在を大切にしていれば、時間の短さなんかさほど問題ではない。むしろ、時間に制限があるからこそ、子どもとの時間はより凝縮して愛おしくなる。

これって、短期集中という効率性を身につけているのかも。それから、子育て関連の制度や仕組みを上手に活用し、周囲の支援を引き出すことは、職場の改善や新たな事業を展開するときと似ている。実際、子育てナースで、セルフコントロールがうまく、変化に速やかに対応し、周囲を巻き込むのが上手という人は多い。そう、家庭でのマネジメントは職場でのそれに通じている!

きっとそんな仕事をしていれば、家庭に帰って「こんな社会人になってほしい」「仕事って、自己実現だよ」と働く意義を教えることができるのだと思う。だから、働きながの子育ては、子どもにとっても、職場にとってもものすごくお得だと言える。

　仕事は、長くしていれば、社会や組織も変化して、そのときどきに応じて自分も変化していかなければならない。指導的な立場になったとき、昇進したとき、成果が思うように出せないとき、子育ての経験は生かされる。未熟な後輩には自分の子どもの小さい頃を思い出せばよいし、うまくいかないときだって、子どもに恥ずかしくないようまだまだがんばろうと思える。

　なにしろ、子育てのなかで経験したことは、幅が広く、発見に満ちて、職場のなかでは気づかないことばかりだ。子育ては、仕事の実行力、創造力にもつながっていると感じる。だから、わたしは仕事をしながら子育てしてほしいと思う。わたしがいつも部下の看護師に言う言葉は、「できれば三人産んで。だって二人だと人口は減っちゃうもの。そして、ほんの少しでもよいから仕事を続けて」。

　管理職としてのわたしは、子育て母さんたちに、働きやすい職場をプレゼントするのが仕事。今日も、産休中のナースが生後一か月のベビーを連れてきた。あなたが、安心して職場復帰ができるように応援するよ。

こころとからだの第三誕生

女の子なら小学校高学年ぐらいから徐々に胸がふくらみ、平均で一二歳過ぎに初潮を迎えます。男の子の精通年齢のはっきりした統計はありませんが、女の子より約二年遅れで迎えるのではないかと考えられています。これら第二次性徴の現れをもって、医学的(身体的)には思春期に入ります。その終わりは、背骨の末端の長骨骨端線が閉じる(急激な身長の伸びが止まる)までとされています。

およそ、中学生から高校生前半ぐらいまでを指すこの時期は、先に紹介した斎藤学さんのいう「第三誕生」という成長課題を負っています。それは、子ども時代の〈わたし〉に別れを告げ、生物学的には大人である、生殖可能なからだをもつ〈わたし〉へと生まれ直していくことを意味しています。動物の仔が生殖可能な個体になれば、親とでもなわばりを争う敵同士になりうるように、ヒトの親子関係の質も、ここで決定的に変わっていく必要があると言えるでしょう。かつての伝統的社会では、この時期になると、同じ成長段階の子どもを集めて、地域の共同体として成人の通過儀礼を行なうのが普通でした。親から離して若者同士で合宿生活をさせ、村の年長者が共同体のルールや性のことを教えたり、荒行に耐えさせたりし、戻ってくると名前や髪型を変え、正式な共同体の一員として迎え入れる儀式がとり行なわれたのです。女性の場合は、荒行の代わりに、年長の女性から女性として知っておかねばならないことについて、直接に伝授されていました。その年長者の役割は伯父叔母といった直系でない血縁者が担うこともあり、一部の都市社会を除けば、昭和の半ばまで、わが国にもこのようなしきたりが残っていたことがわかっています。

ところが、戦後の高度経済成長時代を経るあいだに、地域社会で子どもの「第三誕生」を助けるしくみは、みごとに消滅していきました。経済成長と同様、人生も直線的な右肩上がりの成長としてのみイメージされるようになり、子どもと大人の境界もみえなくなっていったのです。かつては、子どもから大人への成長は、アオムシがさなぎになりチョウへと変容していく過程としてイメージされ、思春期は「さなぎ」（みえない内側で凄まじい変化が起きている時期）にたとえられたものですが、今日では、ひたすらアオムシのまま成長して巨大になり、いつ大人になったらよいかわからずに自分をもて余しているようにみえる子どももめずらしくありません。からだの思春期は、栄養状態の改善や食事の変化などにより戦後どんどん早まっていきましたが、こころの思春期は、むしろ拡散し、いつ始まるとも終わるとも言えない霞んだ時期となっているのが今日の状況だと思います。

改めて考えてみれば、子どもから、生殖可能なからだをもった大人になるというのは、二度と戻れない一方通行の橋を渡って別世界に行くという、ものすごくたいへんなできごとなのです。ふたつの世界のあいだには、谷底の深淵が横たわっています。橋の途中でふと足下をみたりしたら、恐怖ですくんで、一歩も進めなくなってしまうかもしれません。渡らなくていいよ、という声が背後から聞こえようものなら、橋の手前で引き返したくなることもあるでしょう。共同体としての助けがなくなった今日では、身近な大人や、そして誰よりも親が、この移行を無事果たせるよう子どもを支えなくてはなりません。自分から子どもを敢えて遠ざけつつ、しかも橋を渡り終えるまで見届けなくてはなりません。わたしたちは、この時期の子どもにどんな距離でかかわればよいのでしょうか。思春期の子どものこころの成長課題に沿ってひとつずつ考えてみたいと思います。

性的存在としての〈わたし〉を受け入れること

角田さんは、三人のお子さんの波乱万丈の思春期の様子について紹介してくれています。外的に表れた行動はなかなかに派手ですが、それは、働いていていつも忙しいけれど、腹の据わった（?）母親とのつきあいのなかで、子どもたちが自然に身につけた表現方法だからでしょう。派手であろうと、静かに潜行しようと、子どもがもがいていることの本質は同じです。

そのなかのひとつに、「性」の問題があります。思春期の子どもは、女性も男性も、性的存在となった自分のからだの変化をこころで受けとめていかなくてはなりません。本来、その成長の節目は個人によって差が大きいので、その子どもの準備状態を知って、身近な同性の大人が手本を示していく必要のあることです。しかし、わたしたちはあまり性のことを親子で話しあうことに慣れておらず、できれば学校教育に委ねたいと思いがちです。ただ、学校での性教育は医学的な内容に偏りがちで、しかも個人の準備状態にかかわらず一斉に集団で行なわれますから、すでに移行を済ませている子どもにはあまり意味を持ちませんし、まだ橋のはるか手前にいる子どもにとっては、いきなり知らない世界をみせつけられる傷つきの体験にもなってしまうという限界があります。

さらに残念なのは、メディアが流す、女性の性をもつからだとのつきあい方のイメージです。女性の生理用品のおびただしいコマーシャルは、テレビをみていればいやでも目に飛び込んできます。月ごとのからだの変化や、血の流れ出る痛みなんて、現代の科学の恩恵をもってすれば限りなく無視できるというメッセージが、その映像からは読みとれます。そんな変化はないかのように生活するのがすばらしい、という価値観です。実際に、初潮を迎えても、家族で大切に祝うという習慣は廃れていっています。大人になって振り返ったとき、初潮がいつだったか覚えていないとか、母親にも言わずコンビニで生理用品を買って自分で処置した、という若い女性も珍しくありません。また、わが娘の初潮のときを詳しく思い出せない母親もいます。

このような時代に、思春期の子どもが性的存在となっていく自分を受け入れ、しっかりと消化していくことは、なかなかに難しいのではないでしょうか。現代社会のひずみを反映した、思春期から若い成人期の女性に多い、「摂食障害」というこころの病があります。この病に陥る子どもは、最初はさまざまなきっかけからダイエットのようなことを始めるのですが、慢性化すると、食べなかったり、食べたくても食べられなかったり、食べ過ぎて吐いたり、といった状態をくり返しながら、不思議と三〇キロ台前半の体重を維持しようと強迫的なコントロールを試みる場合の多いことが知られています。それは、おそらく二〇キロ台になると、身体レベルで健康な機能を維持することが困難になり入院治療を余儀なくされるからであり、また三五キロを超えると初潮を迎える（あるいは生理が再開する）可能性が高まるために、そのぎりぎりのところで、大人への橋を渡らずに生きていこうとするからなのでしょう。

わが子が女性へと成長していくそのときを、「まだかな、もうそろそろかな」と不安と期待をもってほどよく見守る母親の存在があってこそ、娘は自分の変化を誇らしいものとしてこころで受けとめ、進んでいけるのだと思います。男の子の場合は、母親に加えて、父親や父親に代わる年長の男性の同様の支えが大切になるでしょう。この移行期の予兆は、子どものからだが発するにおいや気配の変化でも気づくことができます。ここで、親に問われるのは、自らの性への態度、すなわち性的人間として、大人としてどう生きていこうとしているかという価値観です。

角田さんの書かれているなかにも、中学生の娘が高校生の兄の机から避妊具発見、というエピソードが登場しますが、初潮以外にも、思春期のあいだには性をめぐって親と子が向きあうべき「ここぞ」というチャンスが、何度かは訪れるはずです。角田さんから娘さんに伝わったメッセージとはどのようなものだったでしょうか。性はあたり前の現実で、良くも悪くもなく、自己判断と自己責任のもとにコントロールすればよい、女性はとくに自分のからだを守る責任を負うんだよ、ということでしょうか。このようなとっさの対応においては、否応なく親の価値観の「芯」のところが引きずり出され、露わになります。そして、そのときに伝わるメッセージが、子どもが思春期の〈わたし〉を作りあげていく土台の一部にもなり、また土台をゆるがす混乱のもとともなるわけです。子どもが思春期を迎えたら、親が覚悟しておかねばならないのは、自分自身の生き方の本質が子どもから問われ、それに応えなくてはならない勝負のときに備えるということです。

こころのなかで親を失うこと

思春期のふたつめのこころの成長課題は、生殖可能になった大人の自分として、それまで依存していた親への愛着を断ち切り、その思いを別の対象に向けかえるということです。かつての時代と違って、思春期と同時にパートナーをみつけて結婚するというわけにはいきませんから、多くはまず学校の先輩、先生、アイドルスターや著名人など、どんなに夢中になっても安全な対象が選ばれますが、なかには身近な異性にすぐ向かっていくこともあります。この時期は、それまでがどんなに良好な親子関係であろうと、とにかく親から離れることが

思春期

生物学的次元（種としてのヒト）の至上命令ですから、子どもはありとあらゆる手を使って親を遠ざけようと必死になります。これがいわゆる「反抗期」なのです。

親は、この時期の子どもにとって、ただそこにいるだけでも「うっとうしい」「邪魔な」存在と化すのが普通です。何を訊いても「別に」、なにを言い聞かせようとしても「知ってる」「わかってる」「ほっといて」、さらに親が近づこうとすると「うるさい」と撃退されます（ときには、「うるさい」のあとに、ばばあ、くそおやじ、死んでしまえ、などと続きます）。なんとか冷静に話しあおうとしても、この時期の子どもは親をひとりの女性や男性として突き放して評価しようとしているので、「お母さんの、あれは何なの」と尋問されれば、なかなか勝ち目はありません。わたしは二人娘の一方に苦言を呈したとき、「お母さんはひとりっ子だから、わたしのこの気持ちがわかるわけない」と反論され、理路整然と説明されて、すごすごと引き下がることもしばしばでした。

角田さんの場合も、行間から、さまざまな親子の激しいバトルがあったことが読みとれます。闘いのたびに、子どもは一生懸命こころのなかで、これまで依存してきた「親」のイメージを壊し、象徴的に殺します。こんなに矛盾していて、こんなにひどいところがあって、こんなにゆるせないじゃないか、という思いに駆られるのです。しかし、その後ふとわれに返ると申し訳ない気持ちでいっぱいになり、ちょっと殊勝なことを言ってみたり、子ども時代を再現するように甘えてみたりして、親がちゃんとそこにい続けてくれることを確認しようとします。そうして親の方もこころのゆとりがあれば、「まあ、かわいいもんだ。きっと大丈夫だろう」とそのまま見守る気持ちが回復するのです。

専業の母親にとっては、この「子どもに遠ざけられ、内的に殺されること」は、それまで子どもとの関係を中心に据えてやってきた自分の生活の大きな柱をもぎとられるような経験になるので、受け入れるのは容易ではありません。わが子が反抗すると、自分自身の存在そのものを否定されたような気がして傷つき、怒ったり、悲しんだり、否認したりしようとしてしまうことも生じます。「わが子には反抗期がなかった」と振り返って感じるとき、それは親の側が鷹揚に構えていてあまり反抗を反抗としてとらえなかったからかもしれませんし、もしかすると親の傷つきをみせられることを恐れて、子どもの方が反抗を外に表せず、ずっと親に従うことを選んでいたからなのかもしれません。

もし、後者であるなら、遅すぎることはないので、子どもとのつきあい方、距離のとり方を見直してみましょう。わが子がこころのなかで「親」をいったん葬るということは、親もまた「子ども時代のわが子」を失い、弔うというこころの作業を必要とします。決定的に諦める、という試練が待っているのです。その試練を無事越えて、いつかわが子に、母親である自分より大切にし、愛着し、求める対象（人）ができたとき、潔くそのことを喜べる親と子の関係でありたいものです。

仕事をもつ母親にとっては、親と子が距離を置く訓練は、それまでにずいぶん積み重ねら

思春期

れているので、急にわが子に遠ざけられることによる傷つきは、そう深くは負わないですみます。たとえ家庭で親子が険悪な雰囲気になっても、昼間はいままで通りの職業生活があります。わが子がなにか社会のルールに抵触する問題行動を起こして、世間の非難の目が母親に向けられるようなときには、働いていることへの罪悪感を掻き立てられることもあるでしょうけれども、それでも、子どもが思春期を迎えれば親は四〇代ぐらいですから、長い職業人生のなかで培ってきた、母親役割とは別の生活の柱をもっているのが普通です。こっちがなくなっても、まだあっちがあるさ、とこころのバランスがとりやすいのです。

もうひとつつけ加えておくと、思春期は、働く母親にとって、子どもの幼少期から抱えてきた負い目を解消できる、有難い時期でもあります。幼いころの子どもは、直接自分にかかわってくれる「母親」としてのあなたしかみえていません。当然、物理的不在の時間が長ければ、寂しさを訴えますし、小学校低学年ぐらいになって、ほかの家族の状況と比較ができるようになると、女の子なら、「わたしは大きくなったらおうちにいて、子どもが帰ってきたら「おかえり」と言ってあげられるお母さんになる」などと言うようになります。母親は「働くことで失うもの」の重さに圧倒されそうになることもしばしばです。

しかし、子どもが思春期になり、母親を社会のなかで生きるひとりの女性としてみられるようになると、母親役割だけでなく、妻として、娘として、職業人として、地域社会の一員として、トータルに評価し、受けとってくれるようになるのです。小学校時代には、専業主婦宣言をしていた同じ娘が、「働いているお母さんでよかった。わたしも、社会で何か役に立つ仕事をみつけたい」と言ってくれることもあります。そういうことばが聞かれるようになると、いったん娘のこころのなかで殺されたかつての母親は、新たな大人同士の関係である母親として無事に蘇ったことがわかります。

おとなの〈わたし〉の基礎ができること

三つめのこころの成長課題は、先のふたつと連動していますが、性的な自分を受け入れ、親に代わる重要な愛着の対象を見出し、同性の親友や、理想となる年長の存在などとの交流を積み重ねる過程のなかで、新たな「大人としての自分」の基礎を形成していくということです。

思春期のこころは、ときどきジェットコースターにたとえられます。まだ生活経験の限られた狭い範囲のなかで、純粋に、理想主義的に考えようとする結果、あるときは自分が意欲に満ちてなんでもできる万能の存在のように思えたり、次の瞬間には無限の宇宙のなかのちっぽけななにもできない存在のように思えたり、上がったり下がったりをめまぐるしくくり返すからです。とりわけ、学童期のあいだに劣等感と向きあって克服する方法を学ぶことが難しいまま思春期を迎え、ＩＴ機器によるバーチャル・リアリティの充実で万能感を自在に維持できる昨今の子どもにとって、等身大の自分をみつけ、折りあいをつけていけるようになるのは、なかなか難しいことかもしれません。

思春期に、幻想的にふくらんだりしぼんだりする自分や他者のイメージから脱け出して、現実に即した自分のイメージや、ふさわしい自信を培っていくために必要なのは、親ではなく新たな「対象」の存在です。親にとって、とりわけ母親にとってはわが子は無条件に一番で唯一の存在ですが、憧れの先輩や、日々の学校生活や課外活動をともにする親友や、恋心を抱いた異性は、必ずしもそう思ってくれるわけではありません。子どもは常に、それらの人びとから自分はどうみえているか、その人びとに受け入れられるにはどうしたらよいか、対象を鏡のように使いながら、自分を形作っていくのです。ときには、思わぬ裏切りや、対立や、傷つきも生じます。しかし、この段階に来ると、集団での構造的ないじめや犯罪の被害に遭うというような特別な場合を除いて、親にできることはもう多くはありません。

よく、思春期の子どもの親は、「壁」になりなさいと言われます。反抗の力をはね返し、泰然と権威者として立ちはだかれという意味です。それは父性的な側面からみたときの、親と子の距離を表すたとえでしょう。母性的な側面からみたとき、また違ったイメージが湧いてきます。親は、「石の道しるべ」です。子どもがどこへ行こうと、どっしりと動かず、道に迷ったときだけここに戻っておいで、という姿勢で構えていればよいのです。

ここでも、親と子の距離が近すぎると、「わたしは一番のはず」という幻想から子どもはなかなか脱け出すことができません。中学生、高校生になっても、「うちの子は、なんでも親に話してくれるのよ」という親子関係を自慢したくなる気持ちが親の側に湧いたら、それは子どもの思春期の成長のなにかを犠牲にしていないか、慎重に思い返してみる必要があります。

もちろん、子どもが早くスムーズに思春期の成長課題を通過し、親からの接近におびやかされることなく安心してなんでも話せているという可能性はあるでしょう。しかし、そのような関係であれば、子どもが話してくれても、黙っていても、親の側にたいしてこころの変化は起きないはずです。なにかと子どもの喜ぶ話題を作って、子どもに近づきたい気持ちが自分のなかにみえたら、ウィニコットの「ひとりでいられる力」のことを思い出してください。

親と子が真剣に至近距離で向きあうのは、「ここぞ」というときだけで十分です。それ以外は、子どもがひとりで自分のこころを抱えて、悩んだり、苦しんだり、その果てに喜びを噛みしめたりしていることを、離れたところで想像しながら、親もまたひとりでいられる力を鍛えるのです。そうするうちに、子どもはやがて、「これが〈わたし〉だ」という、大人としての自分の基礎をたしかなものにし、青年期へと向かっていきます。

思春期

青年期
——子別れの儀式の創出へ

就職活動

最近は入社式に
ついてくる親もいるほど、
子どもの就職活動にも
積極的な親が多いが…

子離れできるかどうかの悩み

親もまた試練のとき。
子育てに終わりは
あるのか⁉

ひきこもりなど

大人になった子どもに対して
さらに遠慮してしまう
ケースが多いという

経済的・社会的自立をいかに進めるか

大学の学費は誰が払うのか。
成人した子どもに対し、
いかに自立を促すことが
できるか

体験記

子育てが終わらない……

小島貴子（キャリアカウンセラー）

ゴールがみえない、先の分からないこと、経験のないことを行なうことは本当に不安です。子育ては、不安そのもの、ましてや仕事をしながら子育てができるのだろうか。仕事ならばやり直しも修正も可能でしょうが、しかし、子育ては、ある意味真剣勝負。気負ってみても、空回りするばかり。

そこで、ひとつ提案です。

子育てのゴールを自分で作ってみませんか？　子育てのゴール設定の前に、少し日本の子育てになぜゴールがみえないのかをお伝えします。日本は、世界に類をみない子どもと親が人生の多くの時間を一緒に過ごす国です。別の言い方をすれば「子離れ・親離れのできない国」とも言えます。少子高齢化が進みますますこの状況は変わらないかもしれません。同居がいけないのではありません。同居していても「子育てをせずに、自立し成熟した大人同士が生活」していればいいのです。そう。同居しているといつまでも親は親の役割から離れられずに子育てをしてしまいます。

面倒をみるという言葉が子育てによく出てきます。生活に補助がいる、自分で理解できないことがある場合には面倒をみるという表現が当てはまるでしょうが、自分のことも社会的にも活動できている大人には妙な表現です。しかし、日本では結構な頻度で大人が大人に対して使っています。「わたしは夫の面倒をみなければならないから」とか「子どもの会社が明日あるらしいから、面倒をみなきゃ」とかです。

使っているということは、やっているということですね。これでは、子どもを産んだら一生涯子育てをやるということになります。

日本人の寿命は八〇年を超えています。どうか、子育てのゴールを作りそのゴールを切ったら自分の人生のゴールまで有意義に満足のいく生活を送ってみてください。わたしは自分ではそうしたいと思って子育てをしてきました。

とはいえわたしが子育て期を振り返ると、常に不安で不便で不思議なことだらけでした。その不安を解消したのが「子育てのゴール設定」と「子育ての目標設定」でした。子育てのゴールを決める前に子育ての目標を考えました。仕事をしながら、子どもを育てるというのは、親としてできないことが沢山あるとネガティブに考えがちでしたが、別の視点から、親のわたしができないが「子どもにはできることが沢山ある」でした。

わたしは子どもが「自律して自立する」「自立するが孤立しない」を成人までの大きな目標にしました。それは、どういうことか? まず、シンプルに自分の始末を自分でできるようにすることです。小学校までは、あまり自立を急がずに、感情を丁寧に扱うことに心を配りました。子どもは親の感情と考えと行動がバラバラだと分かると混乱します。ですから、親自身が会社などでのストレスを帰宅途中までに処理することです。

　わたしはいつも三〇分早く帰ることのストレスよりも、一杯のコーヒーを飲んで気持ちを家庭に向けてリセットする三〇分をとりました。帰宅して、早く早く！　と子どもを急かしても、結果的には同じ。感情だけの会話が先行して子どもときちんと向かいあえなければ意味がありません。

　小学校までの禁句は「早く」「あれは?」「これは?」「どうして?」という指令と命令と抽象的な疑問です。できるだけ「落ち着いて」「たとえば?」「他には?」「面白そう」「楽しかったね」「綺麗だね」というように子どもの情緒が安定するような言葉を選んで会話をゆっくりとしていくと、子どもは自分の考えや感情を丁寧に処理することができます。

　これは、じつは後で大きな強みとなります。子育ての結果は、その子が大人になって自立したときにみえると、わたしは尊敬する保育者から教えられました。この意味は子育てのど真んなかでは、正直あまりにも遠い話でピンときませんでしたが、成人した息子ふたりが昨年「うちの子育ては気長だったよね。いまは感謝しているよ。いつも自分で考えてみるということが習慣になって人に頼らずに、まず自分と思えるから」という言葉で良い意味ですべてが終わった気がしました。

　わたしは、具体的には中学校までには三つのことができるように心掛けました。

①自分の考えを自分で表現する。

②自分の感情をきちんと整理する。
③人間関係がきちんとできるようにする。

もちろん、これを子どもに言ったから子どもができるようになるわけではありません。親の誘導、親の姿勢、親の援助が必要です。この三つに共通する親の姿勢は「聞き方」です。具体的には、子どもの話を聞くには三つのステップを常に決めています。

①事実、②感情、③未来

シンプルですね。親は職場、子どもは学校。お互いにみえない場所で時間を過ごしています。どうしても尋問のような聞き方をしてしまいます。小学校までは、それも通用しますが、年齢が上がれば上がるほど子どもとの会話は難しくなるものです。ですから、まずは「今日は学校で一番楽しかったことはなに？」と話したくなるような事実を聞きます。けっして「今日どうだった？」というような抽象的な聞き方はしないことです。次にその事実に対して親が感情を入れた感想や意見を述べます。ここでお説教は禁止です。そして、最後にこの楽しかった事実から、これからどのようなことを考えているかを尋ねます。これが、①事実、②感情、③未来というステップです。

実際にやってみると会話の糸口がつかめる、感情が入るので弾む。未来（明日というような近未来）の準備ができる会話術です。このような日常会話がくり返されていると、子どもは自分で自分のことを考え、伝える能力が発達します。

そして、最後の「子育てのゴール」を決めることです。

わたしの場合は、中学入学の段階で高校を卒業したら家から出て、ひとりで生活をしながら大学へ行くというゴールを提案しました。大学をその時点で設定したのは、一八歳では生涯にわたる選択をする経験知を得ることがいまの社会では難しいだろうという判断からです。

ふたりの息子は中学に入学するということに高揚し、また自分が少し大人という意識と親からも認められているという自負からか、あと六年でこの家を出るのという強い自意識ができていました。中学から高校までは、思春期特有のさまざまな事件が起きますが、常に「期待はしないけど信頼はしている」と言い続けていました。

これは、子どもは期待されると重荷になり身動きができなくなる。信頼されると裏切れないという心理をうまく使ったのです。

働きながら子育てをする。それは、きっと子どもにとって社会で活躍する母親だからこそ、自分の自立には一番の応援団と感じることです。ネガティブなことがあったら、別の視点からポジティブに考える。そしてなによりも子育てにはゴールがあるということです。

三〇歳青年期説

高校生の後半から、大学生にかけての時期は、青年期と呼ばれます。かつて、子どもから思春期の儀式を経て大人に移行していた伝統社会には存在しなかった、子どもから大人への移行期です。橋を渡って、生物学的には大人の世界の住人になっても、産業革命以降の工業化、商業化された社会では、すぐさま自立した大人としてやっていくことはできません。進歩する社会においては、より高度な知識や技能を習得しないと、自分が望む職業に就くことは難しいのです。

その結果、子どもが学校教育を受ける時間は次第に長くなり、今日の都市部では、一八歳人口の大学進学率は六割を超え、さらに大学院教育をフルに受けて社会に出るような場合には、二七歳か二八歳になっています。親の方も、平均寿命や雇用の定年が延びるなかで、ひとりかふたりの子どもを経済的に長く支援していくことが、以前よりも可能になりました。

そんな時代の変化を反映して、心理学や精神医学の領域では、三〇歳までを青年期として考えようという説も登場しました。たしかに、この高学歴社会で、親と子が満足に思う社会的自立を果たそうとすれば、それくらい長いスパンで考え、おおらかに構えてみるのもよいかもしれません。三〇歳ぐらいまでにはトータルに自立を果たしてくれればよい、と最初から考えておけば、「早く、早く」と、子どもを余裕なく急き立てるような子育てにならずにすみます。

ただ、ずっと経済的・心理的援助を続け、親と子が近い距離のまま卒業の時期を迎えたとき、そこで子どもが突然自立心に目覚め、社会での進路を選択して自分の決断に責任を負っていけるようになるわけではありません。わたしは大学という場でカウンセラーとして四半世紀余りを過ごしていますが、以前に比べれば、保護者（親）とお会いし、相談を受けることがぐっと増えたような気がします。わが子の時間割を全部把握していて、門限は厳しく、課外活動やアルバイトの選択にも積極的に助言し、友人関係にも意見するといった熱心な母親（ときに父親）は、そんなに特殊な例ではなくなっています。とりわけ私立大学では、学費を負担する親のニーズに応えることは重要な業務ですから、保護者向けの教育懇談会、学修相談会、就職説明会などを細やかに開催し、大学のニュースをウェブサイトやメールマガジンで配信したりするようになっています。近年の大学職員の大きな悩みのひとつは、卒業式の会場に保護者席をいくつ用意したらよいかが読めないことだそうです。年々増える保護者席の確保のために、学外の会場を借りなくてはならなくなった大学もあると聞きます。大学の卒業式すら、子どもの出立の儀式というよりは、親子の二人三脚の歩みを通過点でちょっと振り返るという意味しかもたないとすれば、その先も終わりのない子育てが続いていくのではないかと心配になります。

青年期

子育てのゴール

乳児期のお話のところで、わたしは、子育てはチームで遂行するプロジェクトと考えてみましょうと提案しました。どんなプロジェクトにも、あらかじめ立てられた目標（ゴール）と、その実現に向けた具体的な計画があります。途中で想定していなかった変数が加わり、計画や目標の変更を余儀なくされることもありますが、それでも、ゴール設定のないプロジェクトというものはありません。一人ひとりの子育ても同じです。

わたしたちは、なにをゴールに置いて、子育てをするのでしょうか。もちろん、わが子がやがて自立し、愛するパートナーと家族を作り、社会的な貢献をして、幸福な生活を送ってくれることを期待しない親はいないと思います。しかし、親として、子育てとして、わたしたちがそこに関与できるのはどこまででしょうか。子育てのプロジェクトは、計画されたどこかで終わりを迎え、そこから先は、自立した大人同士としての新たなステージが始まるのです。働きながら子育てをしてきた母親にとっては、いずれ社会人同士、職業人同士としてのチャンネルもわが子とのあいだに開かれます。それは、楽しくもあり、厳しくもある、人間関係の新たなレッスンの始まりです。

小島さんは、子どもが「自律して自立する」「自立するが孤立しない」を目標に置き、その実現のゴールを「高校を卒業したら家から出てひとりで生活しながら大学へ行く」ときに置きました。これは、まさしくウィニコットのあげた「ひとりでいられる力」の完成と言ってもよいと思います。誰かに依存しなくても、とりあえず身辺のことが自分で対処でき、自分の内面（こころ）を自分でコントロールし、抱えることができ、自分を守ってくれる対象イメージがこころのなかに根づいていて、また実際に助けが必要なときにはそれを求められる誰かがいるということ。そのような力を獲得するという目標に向かって、子どもの成長段階のそのときどきに応じた具体的な任務を遂行していくことが、子育てなのだと思います。

今日の教育制度と社会の状況から考えると、小島さんのように、高校卒業から次の高等教育機関入学（または就職）時のあたりをゴールに設定するのは、一般的に言って理にかなっていると言えるでしょう。一八歳になれば、車の運転免許も取得できますし、労働に関する規制もほぼなくなります。親の家を出てひとり暮らしをすることも、社会的にあたり前のこととして容認されます。二〇〇七年ごろから、わが国では法的な成人年齢の引き下げ（一八歳成人）が検討され、すでに選挙権は一八歳になっていますが、欧米諸国の現在の主流も、成人年齢は一八歳です。教育制度の整備された国では、一八歳が自立した大人として、選挙権をもち、社会の一員としての責任を果たせる年齢だと判断されているわけです。しかしながら、わが国の青年期の子どもをもつ親の意識は必ずしもそうではないようです。

最近の大学では、親の子離れを助けるために、保護者向けの啓発的な講演会などを行なうところも出てきました。わたしも、そのような場に呼ばれることがあります。平日の昼間な

青年期

ので、多くは専業で子育てをしてきた母親だと思いますが、「子育てを終えて、子どもが家を出て行った後の想定で、いままでできなかったけれどもこれからやりたいこと、さらに磨きたいことを○個、順位をつけてリストを書いてください」と最初に切り出すと、揃って困ったような表情をされるのが印象に残っています。子どもとどうかかわればよいかを聞きたくて集まってきたのに、どうして自分自身のことを問われるのだろう、と感じるのでしょう。たとえば旅行に行くとして、どこに、誰と行くのか。夫か、友だちか、自分の親か、それともひとりか。この先、三〇年、四〇年、なにを目標に置いて生きていくのか。

親の方もまた、急に子どもと離れて心理的な自立を遂げることはうまくできません。働いているかいないかにかかわらず、なるべく早いうちにゴールのときを設定し、その期限に間にあうように、具体的な行動を起こしていくことが必要なのだと思います。

契約としての子育て

小島さんは、子どもが中学に入学したとき、子どもに母親の考える子育てのゴールを提案したとのことですが、それは子どものこころの成長をさらに促す効果ももっていたようです。これまで書いてきた通り、子育てにおける親と子の関係は、子どもを全面的に抱え守るところから始まり、少しずつ離れる瞬間と一体になる瞬間を微細にくり返しながら、その距離の振幅の大きさに耐え、やがて安定した距離で見守れる（見守ることが必要な）時期を迎えます。

そして、子ども時代のその安定を頼りにしながら、次に訪れる思春期の大きな変容に親と子で立ち向かうのです。思春期という、子どもから大人への橋を子どもが無事渡り終えるのを見届けることは、親として絶対に逃げられない、選択の余地のない責務です。

一方、思春期を終えれば、それからあとの子育ては、親と子の契約のようなものだと考えるのが適切だとわたしは思います。現代社会では、義務教育を終えれば最低限の自立は可能です。子どもが望む（多くは親の期待とも分かちがたく結びついていますが）社会的自立を実現するために、あと何年の物理的、心理的、経済的援助が必要か、トータルで必要な費用はいくらぐらいか、親はそのうちのどれだけを負担でき、子どもはそのどれだけを自分で賄わないといけないのか、親と子で向きあってとり決めるぐらいの関係が、〈ほどよい距離〉なのではないでしょうか。いわば、決められた無料レッスンの期間は終了し、希望に応じて有料で延長契約を結ぶようなものです。ずっと共働きで収入に余裕があれば、経済的な支援はここまでできるが、毎朝のお弁当作りや塾の送り迎えなど物理的支援はここまでとか、母親が専業主婦で時間の余裕があれば、逆にどんな支援が豊富に提供できて、経済的にはここまでが限界であるとか、家族の事情に応じた交渉が可能でしょう。わが国には、お金のことを言うのは品がない、家族の経済事情を子どもは知るべきではない、といった価値観が伝統的に根強いですが、社会に出る前の青年期になれば、親子の間でこうした確認作業をしておくことは重要ではないかと思います。

いつ、どんなときに「契約」をもち出せばよいかについては、高校進学の進路選択時に併せてこのような話しあいをもってみるのもひとつのチャンスですし、高校入学後にその先の進路を考えるときをチャンスにしてもよいでしょう。もちろん、思春期のさなかにいる子どもや、橋を渡り終えたばかりで大人の世界がまだ十分に視野に入っていない子どもは、親からすればとんでもないと思える進路や、とても実現できそうにない非現実的な夢を描いて、親の支援を求めてくることもあります。そのようなときでも、頭ごなしに批判したり否定したりするのではなく、現実に折りあえる点をみつけられるまで、とことん話しあってみることが大切です。契約条件を提示し、お互いが歩み寄れたところで、有期契約が成立です。「終わりが来る」ということを、明確に意識して行なうのが、青年期の子育ての肝心なところではないでしょうか。そして、契約ですから、ときに見直しを行ない、条件の変更や、さらなる延長、場合によっては途中解約（契約破棄）があってもよいわけです。かりに、最終的に三〇歳におよぼうとも、ゴールなく漫然と過ごす青年期とは違った緊張感が生まれるに違いありません。

「契約」という言葉から、なにか冷たいものを感じられるひともいるかもしれません。しかし、女性は子どもを産めば無条件に慈母となるもの、生涯をわが子に捧げるものという、多くの女性や男性を心理的に呪縛してきた「神話」から解放され、親と子がともに自分らしく、より幸福な人生を歩むための思考を可能にするうえで、あえてわたしはこのような表現を選びました。子どもが多く生まれても、そのすべてを育てあげることは不可能だった、貧しくて、医療の整わなかった時代には、母なるものの「神話」は、誰にも到達できない、手に入らない究極の理想であることをみなが知っていました。しかし、現代では「神話」は科学的真実というベールを被って、しばしば現実に到達可能な目標のように混同されてしまっているのではないでしょうか。伝統社会の子育てにおいては、最後の子どもが自立を果たす前に、母親の寿命は尽きることが多かったのです。女性の平均寿命が九〇歳に近づいている今日、生涯を子育てに捧げる人生なんて、どう考えてもあり得ません。子育てにも、現代に即した、新たな意識と価値観と工夫が求められているのです。

子別れの儀式をどう創り出すか

ひとつ屋根の下に住むかどうか、また経済的な援助を多少でも続けるかどうかは別として、青年期の子育てを無事完了し、親と子がお互い心理的に十分「ひとりでいられる」ようになるためには、子どもが幼いときから少しずつ、子どもと「離れる」試練を親が引き受けていくことが必要です。

先にも書いたように、少子化で子どもの数が少なく、医療が発展して生命の確保に奔走する必要も減り、ＩＴ機器が発展していつでも子どもとつながっておける環境が整った今日では、自然ななりゆきに任せていては、親と子の分離は適切には生じてきません。とりわけ、高学歴の教育を受け、熱心に、よりよい子育てに励もうとする母親と子どもの関係においては、子どもの「第三誕生」が難しく、遅れてしまいやすいのです。子どもとずっと近い距離を（物理的にも心理的にも）保ち、自分が果たせなかった人生上の達成をわが子に託そうとするとき、ある日子どもは自分の人生を生きて来られなかったことにはたと気づき、社会的自立の道を自ら閉ざし、何年も何十年も親の家にひきこもって動けなくなることも起きてきます。

では、親子の二人三脚はよくないことなのか、と反問するひともいるでしょう。たしかに、世界に名を響かせるような、成功した音楽家やアスリートのなかには、子どもがほとんど赤ちゃんのときから英才教育を行ない、過酷なレッスンにつき添い、成人後も影武者のように生活のあらゆる面で惜しみないサポートを続ける母親がいることも珍しくありません。しかしながら、賞賛を浴びるこれらの母親の背後には、その何千倍、何万倍もの、途中で挫折し、決裂して別の方向に進んでいったり、紐がほどけないまま苦しみ続ける親子のカップルが存在していることを忘れてはいけません。かりに偉業を成し遂げた親子のカップルであっても、長い人生のうちではいつか転機が訪れ、分離のための凄まじい葛藤と相克の闘いがくり広げられることになるのは、そういった成功者の自伝などを読んでみると、よくわかります。

たとえば、「絶対音感」のように、幼児期でなければ通常は身につかない能力を親が特別な教育によって子どもに与えるということがあります。最近の、幼児とその親をターゲットにした教育産業は、あたかもその教育を与えることが、わが子にバラ色の未来を拓くかのようなイメージを振りまいています。しかし、たとえ子どもがその能力を音楽家として開花させたとしても、あらゆる音が音階に聴こえてしまうというこの能力は、日常の生活では不要で邪魔なものであり、多数の人とは異なる感覚世界に生きていかなければならない孤独を背負うという代償を伴います。また、親との二人三脚は、現実に子どもがそれ以外の多くの人びととかかわることで得られる経験世界を、非常に限られたものにしてしまうでしょう。それでも、失うものを補って余りある資質をわが子がもっていて、やがて訪れる壮絶な分離のときまで、苦しみもともに負い続けるだけの覚悟があって初めて、選びとられる二人三脚の距離というものがあり得るのだと思います。それは、ひとりでいられないがゆえの無意識の依存関係とは、次元の異なる二人三脚と言うべきでしょう。

「親離れ、子離れ」という言葉は昔からよく使われますが、今日のふつうの子育てにおいては、自然に離れることが何重にも困難である以上、じわじわと離れるというよりは、青年期には「別れる」というくらいの意識と毅然とした態度を、大人である親の方がもっておくことが必要です。具体的には小島さんのように、家族会議を開いて「子育てのゴールの提案」という形もあるでしょうし、入学式や卒業式の節目に写真室へ行って、正装して家族写真を撮るなんていうのも、区切りの意識を高めるためによいかもしれません。子どもが遠くの大学に入学したときに、まとまった経済的援助をして、あとはそのなかで、アルバイトで稼ぐなり奨学金を借りるなり、自分でやりくりしなさいと任せるのも一案でしょう。

シングルファーザーでふたりの息子を育てあげた土堤内昭雄さんというひとは、それぞれの息子さんが中学を終えたときに、親子の卒業旅行と称して、ふたりだけで旅に出た経験を著書のなかで紹介してくれています（『父親が子育てに出会う時――「育児」と「育自」の楽しみ発見』筒井書房）。男三人と近隣の祖父母を交えた、あわただしい日常生活から距離を置き、非日常の場で親と子の絆を確かめ合い、背中を押して送り出す。これは、現代的で素敵な「子別れの儀式」のひとつだなと思います。土堤内さんは、父親と息子だからこのような自由な儀式の創出ができたのかもしれませんが、彼がこのような儀式を必要だと感じたのは、母親役割を取り、それまでずっと近い距離で子どもに寄り添ってきたからこそだと思います。母親と娘、母親と息子でも、このような非日常の儀式があれば、親と子はもう少し別れの痛みに耐えやすくなるのではないでしょうか。

この先、親と子は一定の距離を置いてつきあっていくけれども、こころのなかには、すぐそばに、手の届くところにいつも自分を守ってくれる人のイメージが寄り添ってくれている。親と子の〈ほどよい距離〉とは、こんなふうに、一本のものさしで遠い近いが測れるような一次元的なものではなく、厚みのある味わい深い境地です。母親が働いているか、いないかにかかわらず、それぞれの親子にとっての創造的な子育ての終わりの儀式を、いまからぜひ思いめぐらしてみてください。

第2章

わが子は「普通」？発達の差が気になるとき

榊原洋一
お茶の水大学副学長。小児科医。
専門は小児神経学および発達障害。

はじめに

日本の子どもの身体の健康度は世界でも最も高いレベルにあります。子どもの身体的健康の指標のひとつである乳児死亡率をみてみると、日本は世界で最も低い値を示しています。乳児死亡率は、一〇〇〇人の生産児（生きて生まれた新生児）のうち、最初の一年間に命を落としてしまう子どもの数で示します。日本の乳児死亡率はここ数年平均して三～四という数字を示しています。世界平均は五〇前後と日本の二〇倍近い高い値です。医療水準は世界のトップにあるアメリカでさえ、乳児死亡率は六という日本の二倍近い値を示しています。経済大国で医療水準が世界で最も高いのに、と不思議に思われるかもしれませんが、これは国内における大きな貧富の差や、医療機関までの距離が大きい地域の存在、そして乳児健診システムの不備などの、日本にはない問題があるからです。日本より乳児死亡率が低い国もいくつかあります。たとえばシンガポール（二）、リヒテンシュタイン（二）などです。しかしこれらの国は国土が小さく、国民の大部分が小さくまとまって住んでいる国です。日本は国土が小さな国と多くの国民は思っていますが、それはアメリカや中国、ロシアなどの世界で最も国土が広い国々と比較しているからで、世界二〇〇か国のなかでは日本は国土が大きな国上位三分の一のうちに含まれます（六二位）。広い国土のなかで地域によっては離島や山岳地帯のように医療保健機関へのアクセスが必ずしも容易ではないところを含むことを考えると、日本の子どもの身体的健康がこれほど高いレベルにあることは、誇るべきことです。

子どもの身体的健康度のことを最初に述べたのは、日本で子育てをしている親にとって、身体的健康に関する心配事は、世界のなかで相対的にみれば少ない、ということです。日本の昔の子育て中の親や、現在でも世界の開発途上国で子育て中の親の子どもに関する最大の心配事は、子どもの体の健康と病気のことです。アフリカの多くの国では、五歳までに四人に一人は命を落としてしまうという現実をみれば、このことは自明のことです。もちろん日本の子育て中の親が、子どもの成長と発達に関して、心配事がないわけではありません。そしてその心配ごとのなかで近年大きな比率を占めるようになったのが、子どもの心の発達に関する「気になること」なのです。

心とはなにか

具体的な心配事に入る前に、「心」とはなにか説明したいと思います。「心」は「身体」と対になったことばです。身体《からだ》の方は、分かりやすいのですが、心《こころ》はなかなか定義が難しいのです。よく考えてみれば、からだはみることができますが、こころはみることができません。

もちろんからだも内部まではみることができませんが、レントゲンやCTなどの画像でのぞくことができます。それに対して、心はみることができません。こころは「感じる」ことができるではないか、という方もおられるかもしれませんが、感じることができるのは自分の心だけです。心の状態は、なんらかの方法で測らなくてはなりません。自分の心の状態は、「楽しい」とか「悲しい」と感じることができます。また文字をみればその意味が「分かり」ます。りんごは木になる赤い果物で、甘酸っぱい味がするものであることをわたしたちは理解します。他人がりんごという言葉を正しく理解しているかどうかは、以下に述べるような別の方法を考えなければなりません。

他人の心を測るには、基本的にはふたつしか方法がありません。ひとつは、行動や動作、表情からそのひとの気持ちを推定する方法です。子どもの行動の観察を通じて、子どものさまざまな心理状態や知能を評価する心理テストは、この方法を応用したものです。もうひとつは、本人の語る言葉から、そのひとの心の動きを知る方法です。自記式の心理テストや知能テスト、あるいは本人の語りから心の動きを推定するのはこの方法です。

長い心理学の歴史は、ひとの心を科学的に理解しようとする探求の歴史といってよいでしょう。その長い歴史のなかで、眼にみえない心の働きを分類しようという試みが不断に続いてきました。二〇世紀の最初にフランスのシモンとビネーは、ひとの心の働きのうち、物事を理解する力を測定する方法を思いつきました。そして物事を理解する力のことを知能と呼びました。ひとの心の中核である知能（ＩＱ）は、シモンやビネーが開発した知能テストによって測定することができます。日本でよく使用される知能テストのひとつには、「田中－ビネー式知能検査」と、発案者であるビネーの名前が残っています。

ではひとの心の働きは知能だけで測れるでしょうか。たとえば周りのひとの気持ちを理解したり、その場の雰囲気を理解する能力は、知能とも関係しますが、それだけでは説明できません。皆さんの周りにも「頭は良いのに利己主義で周りのひとのことをなんとも思っていないようなひと」がいると思います。このように知能が高くても、他人の気持ちやその場の雰囲気あるいは暗黙のルールを理解する能力を「社会性」と呼んでいますが、これは知能とは別の心の働きということができます。社会性と似た心の働きに「共感性」と呼ばれるものがあります。泣いているひとをみると心が切なくなってもらい泣きをしてしまったり、助けてあげたくなる心の働きのことです。社会性があって如才なくひととつきあうことはできても、他人の感情に流されずにドライなひともいます。こういうひとは社会性はあるが、共感性はあまりないということになります。悲しいときに泣き、うれしいときに笑うのも、心の働きです。こうした働きは情動と呼びます。自分自身の喜びや悲しみ、恐怖心などは情動という心の働きによるものです。羞恥心や罪悪感は、情動の働きによるのです。

こうした心の働きの多様性は心理学が発達する以前から、主に哲学の対象として考えられてきました。一七世紀のフランスの大哲学者デカルトは、「情念論」という書物で、ひとの情動について考察をしています。

心の分類

みることのできない心の働きを分類する試みは、近年では脳科学の方法を使うようになり急速な進歩を遂げました。その結果、知能や社会性、共感性、情動（情緒）などの心の働きを担う脳の部位までわかるようになってきています。ハーバード大学の心理学者ガードナーは、ひとの知能を八つの領域に分類し、多重知能という考え方を提案しています。

図1はガードナーの提案した多重知能の概念図です。

対人的知能は、先に述べた「社会性」に相当し、身体運動知能は、いわゆる運動能力に相当します。音楽知能を独立した知能として認めているところなどはユニークです。

このように心の働きの分類は、一通りには定まるものではありませんが、これから述べようとする子どもの心の発達の問題点を語るときには、暫定的に図2に示したような分類に沿って考えるとわかりやすくなると思います。

知能（精神）発達の差が気になる

わが子がほかの子どもと違うのではないか、という悩みのなかで最も多いのが、知能（言葉を含む）発達がほかの子どもに比べて遅いのではないか、という悩みです。普段はほ

図1　多重知能（ガードナー）

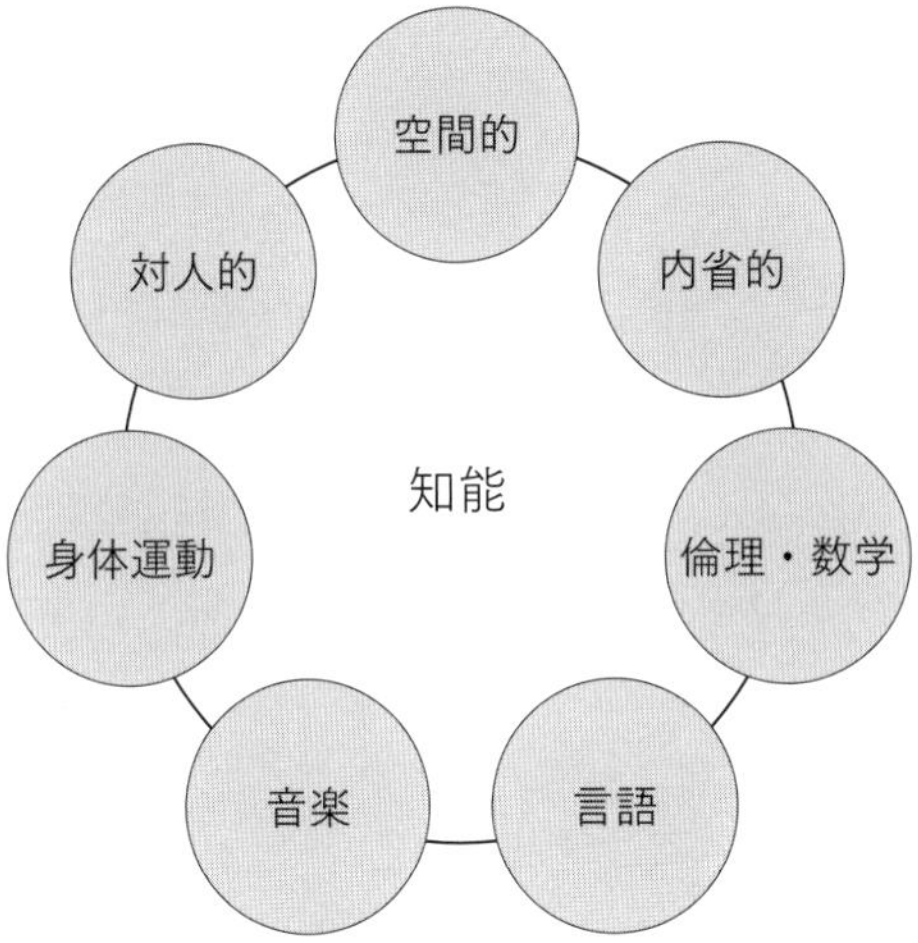

図2　心の働きによる分類

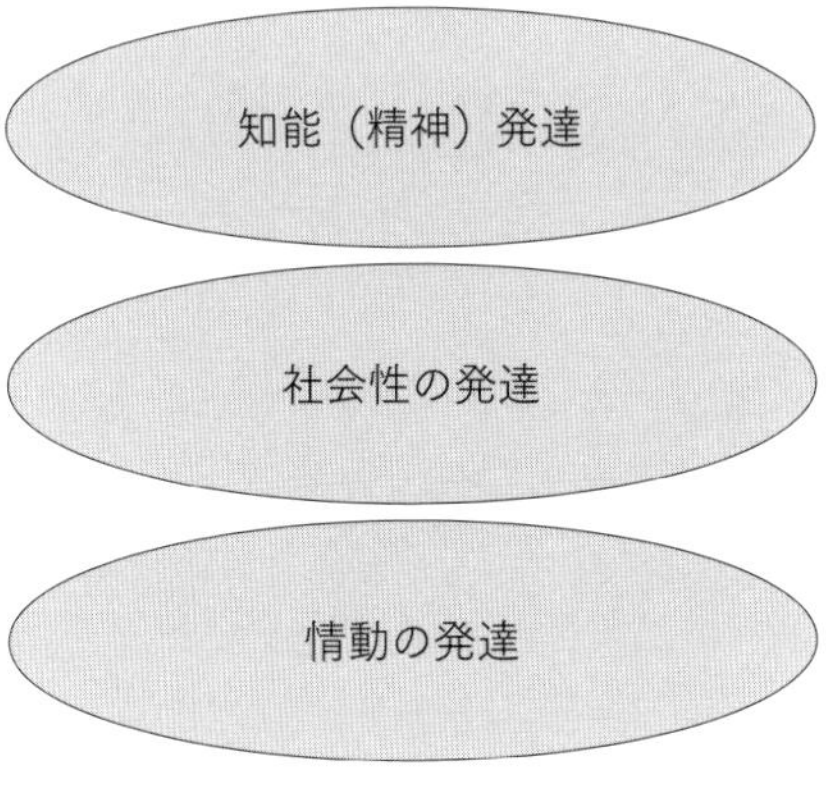

かの子どもと比較する機会がなくても、乳幼児健診で同年齢（月齢）のほかの子どもをみたり、母子手帳や育児書に書かれている標準的な発達の経過（発達里程標）をわが子に照らしあわせたりしたときに発達が遅れているのではないかと気になるのです。

遅れが気になる領域は大きくふたつあります。ひとつは運動発達の遅れです。他の子どもが歩いているのにわが子はまだ歩かない、スキップができるのにわが子はできないといったことが気になるのです。もうひとつは、言葉の遅れです。まだ意味のあることを言わない、他の子が二語文をしゃべっているのに、自分の子どもはまだ単語をいくつかしゃべるだけ、といった気がかりです。

実際わたしの外来（神経発達外来）を受診される子どもの大部分は、こうした遅れを主訴（主な訴え）としています。では、こうした「遅れ」を判断（診断）するにはどうしたらいいのでしょうか。育児書では、心配だったら専門医を受診しましょう、と書かれていることが多いのですが、ここでは専門家はどのようにして「遅れ」を主訴としてきた子どもを見立てるのか、説明しましょう。

第一に考えなくてはならないのは、皆さんが心配する「遅れ」が本当に「遅れ」なのかということを判断することです。運動発達、言葉の発達など発達の領域にかかわらず、子どもの発達には個人差があります。生後一〇か月で初めて歩く子どももいれば、一歳半近くなって初めて歩く子どももいます。生後八か月で初めて意味のある言葉（有意味語）をしゃべり始める子どももいれば、二歳過ぎになって初めて意味のある言葉をしゃべる子どももいます。時期は違っても、皆正常範囲です。寝返り、歩き始め（二足歩行）、初めての言葉（初語）などの区切りのよい発達過程を里程標（一里塚のこと）と言いますが、ある特定の里程標を通過する時期には大きな個人差があるのです。同年齢（月齢）の他の子どもができていることをわが子ができないからといって、なにか障害や病気による遅れであるとは言えないのです。では、専門家はどうやって、正常範囲なのか、あるいはそれを逸脱しているのか見分けるのでしょうか。その方法は大きく分けて三つあります。

ひとつめは、その子どもの発達段階が正常範囲にあるのかどうかを見分ける「発達スケール」を参照することです。そうした発達スケールのなかでもよくつかわれるのがデンバーの発達スケールです。デンバーの発達スケールは、アメリカのフランケンブルグという人が、デンバー市に生まれた障害や病気のない子ども約一〇〇〇人の発達を詳細に記録し、一定の里程標を通過する時期を統計的に示したものです。たとえば初めて歩き始める時期を一〇〇〇人の子どもで調べると、最初に歩き始めた子どもは八か月、全体の二五％の子どもが歩く時期が一〇か月、全体の五〇％が歩く時期は一一か月、七五％が一三か月、そして全体の九〇％が一六か月ということがデンバーのスケールから知ることができます。それと比較することで子どもに本当に遅れがあるかどうか客観的に判断することができます。

デンバーの発達スケールなどで、明らかな発達里程標の遅れが認められた場合、専門家はふたつめの方法に移ります。それは子どもに発達の遅れを説明できるような症状がないか探すことです。発達の遅れを説明できるような症状とは、表1に示すような発達の遅れをきたす障害や疾患にみられる症状のことです。

こうした症状が実際どのようなものかということは詳述しませんが、医師などの専門家はこうした症状を手掛かりに、遅れの原因を追究します。

三つめの方法は、上記の症状の観察（診察）に加えて、脳のCTスキャンや血液検査あるいは髄液検査（腰椎のあいだに針を刺して、脳と脊髄の周りにある脳脊髄液を採取して調べます）などで、可能性のある原因疾患候補をさらに狭めてゆきます。ダウン症などの染色体異常症では、血液検査で染色体を調べます。

表1　発達の遅れをきたす疾患の症状

けいれん
筋緊張低下
腱反射*の亢進あるいは減弱
不随意運動**
頭囲の異常（小頭症、巨頭症）
小奇形（手足、内臓）
独特の顔つき （ダウン症、プラダ・ウィリ症候群、ウイリアムズ症候群など）
独特の皮膚発疹（結節硬化症など）

＊筋肉が骨についているところをゴム製のハンマーでたたいて調べます。膝の下をたたいて調べる膝蓋腱反射などもこれに含まれます。

＊＊自分の意思に反して、手足が震えたり、くねるような動きをする状態です。脳性まひなどの場合にみられます。

遺伝性のある疾患では、直接遺伝子を調べることもあります。

知的発達や運動発達の遅れの原因疾患を表2に示します。表2にあるように多数の原因疾患が知られていますが、原因疾患が分からない知的発達や運動発達の遅れも少なくありません。全体の三割程度は、現代の医学でも原因が特定できない知的障害、運動発達の遅れです。

言葉の発達が気になる

言葉は外からみればわかる運動と同じように、周りのひとが判断することができます。前述のデンバーの発達スケールにも言語発達の里程標が示されています。普通一歳前後で初めて意味のある言葉をしゃべりますが、二

表2　知的障害の原因（診断名のみ、詳細は省略）

遺伝子異常症	アミノ酸代謝異常、ライソゾーム病、ムコ多糖症、結節性硬化症、レット症候群、脆弱エックス症候群、ウイリアムズ症候群など
染色体異常症	21トリソミー（ダウン症）、18トリソミー、猫泣き症候群、プラダ・ウィリ症候群など
胎児期、周生期異常	胎児性アルコール症候群、先天性風疹症候群、低酸素性脳症、脳奇形、クレチン症
後天性疾患	脳炎後遺症、髄膜炎後遺症、脳外傷
環境要因	小児虐待、ネグレクト、栄養失調、放置された難聴
原因不明	自閉症*

＊現在では遺伝子の関与が想定されている。

歳になってもまったく意味のある言葉をしゃべらなかったり、三歳過ぎになっても二語文（通常二歳前後）がでなかったりすることで気がつかれます。

言葉の発達は運動発達以上に個人差が大きいことが特徴です。前節の知的障害はすべて言葉の発達の遅れを伴いますが、知的障害を伴わない言葉の遅れもあります。

言葉の遅れも、前節の知的発達や運動発達の遅れと同様に判断しますが、その原因は表2にある知的障害に加えて、聴覚障害、自閉症（スペクトラム、後述）、特異的言語発達遅滞、ネグレクト、注意欠陥多動性障害などがあります。わたしの外来（神経発達外来）を受診されるお子さんの多くが言葉の発達の遅れを主訴としていますが、その大部分は知的障害あるいは自閉症（スペクトラム）が原因です。

自閉症については、次節の「社会性の発達が気になる」で詳しく述べますが、乳幼児期に言葉の発達の遅れが顕著にみられます。

言葉の発達は、まず周りのひとがしゃべった言葉の理解が先行し、遅れて表出（しゃべること）が続きます。自閉症では、理解も表出もともに遅れます。自閉症では、言葉だけでなく身振りや手ぶりの理解も遅れることが分かっています。

特異的言語発達遅滞は、言葉の理解や身振り手振りの理解はあるものの、言葉の表出が遅れるものです。言語理解の発達があり、指さしなどで質問に応えることはできますが、しゃべり言葉がでてきません。

注意欠陥多動性障害は、後述する自閉症などと一緒に、発達障害に含まれる障害です。軽度の言語遅滞の原因として、最近注目されてきています。周りのひとがしゃべる言葉への注意が足らないために、乳幼児期に言葉が遅れることがあります。

社会性の発達が気になる

近年、運動発達や知的発達に遅れはないのに、集団場面での行動や、他人との意思の疎通がうまくできない子どもたちへの関心が高まっています。いわゆる「気になる子どもたち」です。気になる子どもたちは、必ずしも知的障害はありません。ではわたしたちはどのような行動が気になるのでしょうか。表3はインターネット上で「気になる子ども」ということばがどのような子どもに対してつかわれているのか調査し、多いものを並べたものです。

表3　インターネット上で「気になる子ども」の特徴としてあげられているもの

落ち着きがない・集中力がない
ひとり遊びが多い・一方的でやりとりしにくい
かっとなりやすい・パニックになる
ことばが遅い
こだわりがある
手先が不器用
指示が伝わりにくい

言葉の遅れも含まれていますが、「ひとり遊びが多い」「指示が伝わりにくい」などの対人関係、社会性上の問題に関する特徴があげられています。

わたしたちは、特別に教わらなくても、乳児期から周りのひとの表情や動作、そして声の調子などから他人の意図を理解することを覚えてゆきます。生まれたばかりのひとの新生児は、身の回りのものよりも、他のひとの顔により強く反応することが知られています。生後八か月前後になると、他人の視線の先にあるものをみるようになります。他人の視線や指さしの先のものを一緒にみる共同注意と呼ばれる行動は、他人の意図や関心を知るという社会性の第一歩です。

さらに四歳前後になると、子どもは他人が一人ひとり自分の意思をもっており、それが自分の意思とは異なるものであることに気がつきます。他人が自分とは違う気持ちをもっていることを知ることを心の理論の獲得と呼んでいますが、共同注意とともにこうした社会能力は特別に学ばなくても自然に身についてゆきます。

言葉によるコミュニケーションがなくても、表情や視線、身振り手振りの動作から他人の気持ちを知る能力を使ってわたしたちは、他人との摩擦を減らして、人とうまくつきあってゆくことができるようになってゆきます。

ところが、こうした社会性が自然に身につかない子どもたちがいます。先にあげた気になる子どもたちの一部もそのような特徴をもった子どもたちです。

二〇一二年に、文部科学省は日本全国の小中学校の普通学級に在籍している多数の子どもたちの行動特徴を調査し、子ども全体の約六・五％に上記の気になる行動が顕著にみられることを報告しました。後述する落ち着きがない、衝動性などの情動のコントロールが苦手な子どもが、子ども全体の約三・一％、また本節の課題である社会性が不十分で集団生活が困難な子どもが約一・一％いることが分かりました。

この約一％の子どもたちの行動特徴は、自閉症スペクトラムとよばれる発達障害に合致しています。自閉症スペクトラムの子どもの八〇％以上には知的障害が合併します。そのために、社会性だけでなく、言葉や物事の理解の発達にも障害がありますが、二〇％の子どもには知的障害がありません。文科省調査で普通学級に一％前後いる社会性の発達が不十分なために「気になる」子どもは、この知的障害のない自閉症スペクトラムに含まれる可能性があるのです。自閉症スペクトラムの子どもには次の三つの特徴があ

表4　自閉症スペクトラムの子どもの行動特徴

具体的な特徴	
▪言葉の遅れ	▪クレーン現象
▪目をあわさない	▪視野の端でみる
▪社会的笑いが少ない	▪常同運動（手をひらひらなど）
▪特定のものへの執着	▪名前を呼んでも振り向かない
▪感覚過敏	▪迷子になりやすい
▪指差ししない	▪パニック状態になる

ります。①さまざまな程度の言葉の遅れ（ほとんど遅れがみられないこともある）、②他人の気持ちを理解したり、共感したりする能力の低下、③特別なものや事柄への強い執着（こだわり）、の三つです。さらに音や特定のシーン（場面）を怖がる感覚過敏と呼ばれる症状もみられます。

自閉症スペクトラムは生まれつきの障害で、育て方やしつけで発症するものではありません。自閉症スペクトラムの子どもにみられる発達上の具体的特徴は、表4に示したようなことです。

クレーン現象、というのは正式名ではありませんが、親や保育士の手をもってほしいものの方に引っ張ってゆく行動です。手首をつかんで大人の手でものをとってもらおうとする行動がクレーンに似ているのでこのようによく呼ばれています。表4にあるような気になる行動があればすぐに自閉症スペクトラムであるわけではありませんが、参考になる行動特徴です。

子どもに言葉の遅れがあり、さらに表4のような行動がみられた場合には、小児神経科や児童精神科、あるいは臨床心理士、臨床発達心理士などの専門家に相談するのが良いと思います。くり返しますが、表4のような行動がひとつあったからといって自閉症スペクトラムとは言えないのです。

落ち着かない、情動のコントロールが苦手（すぐに切れてしまう）

表3の気になる子どもの行動のなかで、もうひとつのグループが、「落ち着きがない」「集中できない」「かっとなりやすい」などの情動のコントロールに関する行動です。これらの行動特徴を示す子どもたちの一部が、自閉症スペクトラムとともに発達障害の中核をしめる注意欠陥多動性障害（ＡＤＨＤ）に含まれます。

ＡＤＨＤの子どもの特徴を簡単に言い表すと、まず「不注意で気が散りやすい」、「すぐにもち物をなくす」、「物事を順序だてておこなうのが苦手」「努力を要する作業や勉強を途中ですぐに投げ出してしまう」といった注意力、集中力が不十分なことによる行動特徴があげられます。ＡＤＨＤの子どもの大部分は、この注意力にかかわる行動特徴だけでなく、多動・衝動性にかかわる行動の特徴をもっています。多動・衝動性にかかわる行動特徴とは「（教室などで）じっと椅子に座っていられない」「座っていても体を動かしたり、後ろを向いたりする」「自由時間には、走り回ったり、いろいろなところによじ登ったりする」「順番が待てず、列に割り込んだりする」「おしゃべりで、相手の話を途中までしか聞かない」などがあります。

でも、皆さんのなかには、「こうした行動は誰にでもみられるし、子どもの行動の特徴なのではないか」と思われる方が多いのではないでしょうか。まさにその通りで、こうした行動はどんな子どもにでも多少はみられるものです。

ＡＤＨＤの診断は、その子どもにみられる上述のような行動の数（種類）が多く、それがいつでもみられ（頻度が高い）、そしてなにより重要なことは、そのために家庭や学校での日常生活に支障をきたしている、という条件を満たした場合につけられます。支障は英語では impairments といわれますが、たとえば授業中席に着けず、そのために勉強に身が入らない、あるいは衝動的な行動によって友人やクラスメートとトラブルが多発する、さらには不注意のためにしょっちゅうけがや事故を起こしている、といったものです。

こうした条件をきちんと診断に反映させるために、ＡＤＨＤの診断基準というものがつくられ、世界中の医師がこの診断基準に従って診断と治療を行なっています。やや長くなりますが、その診断基準を以下に示します（表５）。

注意欠陥（不注意、集中力低下）の代表的な症状が九つと、多動・衝動性の代表的な症状が九つあげられています。これらの症状は、典型的なＡＤＨＤの子どもの症状から統計学的に厳選されて選ばれたものです。

診断をつけるためには、⑴と⑵の九つの症状のうち少なくとも六つを満たしていること（行動の数が多いこと）、少なくとも二か所以上（家庭と教室など）で行動がみられること、そしてそのためになんらかの支障をきたしていること、の三つの条件を満たしている必要があ

表5　ADHDの診断基準

(1)　注意欠陥：以下の注意欠陥の症状のうち六つ以上が少なくとも六か月以上続いており、そのために生活への適応に障害をきたしている。またこうした症状は発達レベルとは相容れない。

- □ 細かいことに注意がゆかず、学校での学習や、仕事その他の活動において不注意なミスをおかす
- □ さまざまな課題や遊びにおいて、注意を持続することが困難である
- □ 直接話しかけられたときに、聞いていないようにみえる
- □ 学校の宿題、命じられた家事、あるいは仕事場での義務に関する指示を最後まで聞かず、そのためにやり遂げることができない（指示が理解できなかったり、指示に反抗したわけではない）
- □ 課題や活動を筋道を立てて行なうことが苦手である
- □ 持続的な精神的努力を要するような仕事（課題）を避けたり、いやいや行なう（学校での学習や宿題など）
- □ 課題や活動に必要なものをなくす（おもちゃ、宿題、鉛筆、本など）
- □ 外からの刺激で気が散りやすい
- □ 日常の活動のなかで物忘れをしやすい

(2)　多動・衝動性：以下の多動・衝動性の症状のうち六つ以上が少なくとも六か月以上続いており、そのために生活への適応に障害をきたしている。またこうした症状は発達レベルとは相容れない。

多動

- □ 手足をそわそわと動かしたり、いすの上でもじもじする
- □ 教室やその他の席に座っていることが求められる場で席を離れる
- □ そうしたことが不適切な場で、走り回ったりよじ登ったりする（青年や成人では落ち着かないという感覚を感じるだけ）
- □ 静かに遊んだり余暇活動に付くことが困難である
- □ じっとしていない、あるいはせかされているかのように動き回る
- □ しゃべりすぎる

衝動性

- □ 質問が終わる前に出し抜けに答えてしまう
- □ 順番を待つことが困難である
- □ 他人をさえぎったり、割り込んだりする（例：会話やゲームに割り込む）

ります。診断基準に書かれている行動特徴（症状）はどんな子どもにもみられると最初に書きましたが、たとえば五つ当てはまっても診断しません。またたとえ、六つ以上満たしていても、別にそのために教室や家庭で（友人関係、勉学等）支障がなければ、ＡＤＨＤとは言わないのです。

ＡＤＨＤの子どもへの対応には大きな三本の柱があります。薬による治療、環境の改善、そして行動療法です。どれかひとつだけというのではなく、通常はこれらを組みあわせて対応します。しかし現在では、その効果からみて、薬による治療がＡＤＨＤへの対応の中心になっています。

ＡＤＨＤへの対応の中心が薬による治療になっている理由はいくつかあります。

第一に三つの対応策のなかで最も効果が高いということです。これまでにたくさんの調査研究がありますが、薬による治療によって八〜九割の子どもでＡＤＨＤの行動が消失ないし軽減することがわかっています。

現在ＡＤＨＤへの治療薬として厚生労働省によって認可されているのはメチルフェニデート（商品名コンサータ）とアトモキセチン（商品名ストラテラ）のふたつですが、メチルフェニデートは中枢神経刺激薬なので、薬物依存性があるのではないかと心配されていました。しかし、通常の治療量で子どもが薬物依存になることはありません。

コンサータは徐放錠で、朝一回飲むと夕方までカプセルから薬が徐々に放出される仕組みになっています。ストラテラは朝と就寝前の二回服用します。

薬の効果についてのたくさんの研究がありますが、ＡＤＨＤの症状が消失ないしは軽減し、生活の質（ＱＯＬ）が向上することが示されています。

おわりに

働きながら子育てをしている母親は、仕事と子育てを両立させるだけでも大変な努力をしています。その上にわが子の発達のことで心配があれば、そのストレスは大変大きなものになることは想像に難くありません。さらに、子どもの発達についてはいわゆる「三歳児神話」が母親を追い詰めます。三歳児神話は、「子育ては母親がするべきである」なぜなら「母親が子育てをすることが子どもの発達にとって最良であるからだ」というものです。親子の愛着関係に関する研究に由来するこの三歳児神話ですが、その科学的・医学的根拠は、わたしが調べた限りまったくありません。子育てに必要なのは子どもに対する感受性のある保育者であって、その保育者が母親である必要はないということがきちんと証明されています。それにもかかわらず、世間には子どもの発達は母親の責任であるといった誤った考え方が流布しています。

子どもの発達になんらかの障害があると、すぐに母親の子育ての方法やしつけに問題があったのではないか、と邪推するマスコミや多くの無責任なひとたちがいます。

では母親の子育ての仕方やしつけが原因となる子どもの発達の障害はあるのでしょうか。本稿でとりあげられた自閉症（スペクトラム）は、一九六〇年代まで母親の子どもへの愛情不足が原因と考えられてきました。自閉症研究の専門家が唱えた、「自閉症は冷蔵庫母が原因だ」という説が長らく信じられてきました。冷蔵庫母とは、子どもに愛情を感じない冷たい母のたとえです。現在ではこうした説は間違いであることがわかっていますが、一般にはその影響がまだ残っています。

注意欠陥多動性障害も、親（特に母親）のしつけが不十分なことが原因であると考えられがちです。しかし、現在その原因は生まれつきの脳の機能にあり、育児方法やしつけが原因でないことがはっきりとわかっています。

このように、従来子育てや育児の方法によって生じると考えられていた多くの発達の障害が、生まれつきの脳の働きによるものであることが明らかにされているのです。発達障害が親の育て方に由来するものであるという誤った理解によって、日本のある自治体では首長の主導で、子育て中の母親に教育を義務つけるといった、科学的な根拠のない条例が提出されたこともありました（幸い多くのひとの反対で廃案になりましたが）。

男女共同参画の時代になっても、大多数の家庭で、主に母親が子育てをしているというという現実があります。

本章でわたしは子どもの発達の気がかりを、母親自身である程度判断できるようになるために基本となる考え方を簡単に説明しましたが、それは母親は子どもの発達について自ら判断する基本的な知識をもって、まだ世間に残っている三歳児神話にまつわる偏見に立ち向かっていっていただきたいからです。

コラム

わが子が発達障害かな？　と思ったら

岩田淳子（カウンセラー）

わが子に「障害」があるなど受け入れがたいと、親は五体満足・健康な子どもの成長を願います。残念なことに（あえて、そう言わせてください）、わが国では障害のある子どもをもつことは不幸で、かわいそうなこと、ないほうがよいこととしてとらえられています。わたしにはそうした認識こそが、わたしたち自身にとって暮らしにくい社会をつくっているように思えてなりません。願わくば、そんなふうに思える親であってほしいとわたしは思っています。

ところで、日本において「障害」とは、法的には、身体障害、知的障害、精神障害、そして発達障害を指します。最も遅く「障害」と認定されただけあって、発達障害は社会のなかでも適切に理解されているとは言いがたいというのが現状です。「発達障害」について要点のみ説明しておきましょう。まず、学習障害（LD）、注意欠陥多動性障害（ADHD）、自閉症スペクトラム障害（ASD）が含まれます。いずれも、成因は脳の生物学的基盤にあるとされています。つまり、生まれながらにもつ「脳のタイプ」です。ですから、治療によって「なおる」ものではありません。その兆候は子どもの頃に現れ、姿かたちを変えながら大人になっても、発達障害の特徴そのものは続いていくものです。しかし、「障害」と診断されるのは、困りごとが大きく、生活に支障が生じる状態においてです。特徴はあっても、家庭あるいは学校など、その後の育ち（環境要因）により、その社会、環境のなかで適応できていると、「障害」とは判断されません。

ちなみに、ADHDは年長さんくらいから小学校低学年あたりで指摘されることが多いと思います。落ち着きがない、という問題です。LDはその名の通り学習上の問題ですから、小学校入学後に気づかれることが多いです。自閉症スペクトラム障害については、言葉の遅れや育てづらさなどにより、三歳児健診までに発見されることがあります。しかし、いずれの障害も、子ども本人や親は、じつはなにか変と、他の子どもと比べて違和感をもちながらも、健診や小学校ではなにも指摘されないまま、発達障害の特徴あるいは二次的なさまざまな症状を併発して、大人になって初めて病院を訪れ診断にたどり着くことがあるのも事実です。

身体障害は、その子どもをみればわかりますが、発達障害は、子どものある場面だけをみてもわからないことも少なくないのです。ここがややこしいところです。わが子の様子が心配だからと乳幼児健診で相談しても、専門家に「お母さんが気にし過ぎ。だって、こんなによく話をしているのだからだいじょうぶ」と言われることもあると思います。逆に、家では特に問題を感じていないのに、保育園や幼稚園、小学校の先生から「集中力がない」「お友だちとなかよくできない」などと指摘される場合もあるでしょう。

人の発達に個人差があることは、発達の原則として常識です。そして、完全な定型発達（神経学上の正常な発達）などじつは存在しないのです。さらに、子どもの脳は可塑性が高く、実際、成長、変化もします。そのように考えていくと重要な問題は「診断名」ではなく、また「障害」か「正常」かの見極めでもありません。求められる大切なことは、いま、生活のなかの不都合を抱えている子どもと親が、苦しみや不安、混乱と怒りのなかで日々を過ごしているのだとしたら、その子どもと親がいくらかでもましな、少しでも安心で楽しい生活を築くことができるために役立つ知恵であり、手だてであるはずです。ところが、親を最も混乱させるアドバイスのひとつが「もう少し様子をみてみましょう」ではないでしょうか。もう少しっていつまで？　だいじょうぶなの？　心配なの？　みたいな。この言葉を使う専門家は反省しなければいけないと思います。

では、親はわが子が発達障害かもしれない、と思ったときにどのように子どもと接すればよいのでしょう。限られた紙面のなかでお伝えできることは少ないのですが、まずは自分を責めないこと、と言いたいと思います。発達障害のある子どもを育てている母親が抑うつ的になりやすいことが調査でわかっています。はじめに書いたように「脳のタイプ」ですから、あなたの育て方が悪いわけではありません。本書でも述べられているように、ただでさえ子育ての批判が母親に向きがちなのに、「良い子」に育てたいという思いゆえの厳しいしつけが「虐待かもしれない」などという新たな悩みを生み出すとしたら、そんな理不尽なことはありません。大変残念な知見ですが、虐待の問題の背景に、発達の遅れやゆがみのある子どもの存在が指摘されています。それは、「発達障害」に関係する特徴のある子どもを育てることの難しさを物語っているのかもしれません。

ある発達障害の専門家は「できないときに叱るという日本の伝統的な子育て」が発達障害のある子どもとミスマッチであると論じています。要するに、発達障害の一群に、叱られてもなにを叱られているのか、どんな行動を求められているのかを理解できない子どもたちがいる。そのうちに、なんとなく身についていくこと、あたり前に自然にわかるようになることが、知的な遅れはないのに、子どものとらえ方の特徴（相違）ゆえに理解ができない場合があるということです。できなさや下手さ、やれないことや困らせられることばかり目に付きがちであることは仕方がないとはいえ、親の方もまさか子どもにそんな「事情」があるなんてわかりませんよね。

子どもができないことや困ったことをするには正当な理由があると考え、仕組みを整える工夫をすることもできます。ほんの一例をあげてみます。お部屋のなかにおもちゃがあふれかえっていたら集中して遊ぶのは難しいから、少し押し入れにしまってみます。同じ遊びばかりをくり返しているのなら、きっと子どもはその遊びがとても好きで気持ちが落ち着くからです。気持ちを切り替えるのが苦手な子どもには、子どもにとって次なる幸せな時間をセットする。たとえば、大好きなおやつの時間に繋げていくとか。

じつはこうした子どもの見方の転換や子どもへの接し方の工夫は、発達障害の有る無しにかかわらず、子育てに役立つことは多いのです。わが子らしさを生かす子育てはきっとみつかります。あなたと一緒に考えていくことのできる専門家でありたいと思います。

第3章

新しい家族のカタチ?

千田有紀

武蔵大学教授。専門はジェンダー論、社会学。

はじめに

自分が子どもをもつまでは、子育ては「楽しい」ものだと思っていました。他人の子どもの世話をするのはとても楽しかったからです。学問的にも小さな子どもは、興味深い存在ですし。昔のわたしのような人間はどこにでもいるもので、娘を連れていくと熱心に遊んでくれたり、果てにはドリルを一緒にやってくれたり、有難い「世話焼きお姉さん」に助けられることもしばしば。実際、独身でも甥っ子や姪っ子のいるひとなどのなかには、新米ママよりも子育てに慣れているひともいて、「そろそろトイレに連れて行っておいた方がいいんじゃないの?」などと気配りしてくれる頼りになる存在です。

しかし実際に自分で子どもを育てていると直面するのは、以前に感じたような楽しさばかりではありません。親になれば責任が伴いますから、あたり前といえばあたり前です。しかし独身時代に想像した子育ての「楽しさ」と、実際の子育ての「大変さ」の落差はいったいなんなのでしょうか。それはどこから来るのでしょう。そして実際にどうすればいいのでしょうか。この章では、家族の変化を視野に入れながら、親であること、とくに母親、父親であることについて、考えてみたいと思います。

「母性」をめぐって

「母性」とういう言葉はそもそも、古くから日本語にあった言葉ではありません。いかにも「翻訳語」という匂いがすると思った方は、正解です。これは外国語の翻訳語として作られました。

他にも日本語のうちで、「家族」や「家庭」、「社会」といった人間関係を表す基本的な概念はほとんど、明治以降に翻訳の過程で作られています。家族という言葉は「家属」という、家に属するひとという単語から作られたと言われています。家庭は明治以前からもあった言葉ですが、その意味はたんに家の庭にすぎませんでした。「恋愛」という言葉も、翻訳語です。江戸時代にはLOVEという概念はありませんでした。代わりにあったのは性愛関係を表わす「いろ」という概念です。「いろ」は遊郭でくり広げられるような「いき」な遊戯であり、いまのわたしたちが考えるような「恋愛」とはほど遠いところにありました。

一生に一度の運命のひとに出逢って結婚し、子どもを産んで家族を作るのがあたり前だという考えかたは、明治以降に生まれました。そもそも江戸時代には、結婚しないひとがたくさんいたのです。遊女もそうですし、相続する土地のない農家の次三男、仏門に身を捧げる僧侶などは生涯独身でした。翻訳語による新しい概念が次々と登場すると同時に、明治政府は戸籍制度をふくめた家族に関する「制度」を作りあげていきます。わたしたちが日本の「伝統」と考えがちな「家」を支える苗字なども、多くのひとは明治時代になってからもち始めたものです。そもそも当初は、お隣の韓国のような夫婦別姓と、現在の日本で法制化されている夫婦同姓が併存していました。

明治以降にできた家族のことは、近代になってから出現した新しい家族形態であるという意味で、「近代家族」と呼ばれています。夫が稼ぎ手で、妻が専業主婦といった性別役割分業を基本としたプライバシーの場としての家族。そして恋愛や母性、家庭といった信念をとても大事にする家族が「近代家族」です。たとえお見合いで結婚したとしても、「お見合いはきっかけでその後、わたしたちは愛しあうようになったから結婚した」と考えるひとが多いのも、わたしたちが近代家族の時代を生きているからでしょう。

「母性」という言葉が広まる大きな契機は、大正期にあったと言われています。エレン・ケイというスウェーデンの思想家の『母性の復興』という本は、「新しい女」と呼ばれた平塚らいてうによって訳され、一九一九年に出版されています。このような本の出版などを通じて、「母性」という言葉や考え方が広まっていきました。この本が翻訳されたのとほぼ同じ時期、一九一〇年代後半には、平塚らいてうと与謝野晶子たちのあいだで、母性保護論争と呼ばれる論争が起きています。ちょっとみてみましょう。

まず与謝野晶子は、エレン・ケイの「女の生活の中心要素は母となることである」という主張を批判しました。晶子は、「わたしは母であることを拒みもしなければ悔いもしていない。むしろ自分が母としてのわたしをも実現することができたことに、それ相応の満足を実感している。けれども、女が世のなかで生きて行くのに、どうして母であることばかりを中心に据えなければならないのか。それはなぜなのだろう」と疑問を提起しました。そのうえで、「欧米の女性運動などにみられるように、妊娠出産の時期に女性が国家に経済的な保護などを求めることはしてはならない。男性に頼ってはいけないのなら、国家にも頼ってはいけないのだ」と主張します。とにかく経済的自立をしなければならない、という与謝野晶子の主張はかなりシンプルなものです。

これに対して面白いのは、まさにエレン・ケイの本を翻訳した平塚らいてうの反論のほうです。「母を保護することは女性ひとりの幸福のために必要なばかりではない」とらいてうは言います。「母性を保護することは、子どもを通じて全社会が幸福になることであり、さらに全人類の将来のためにも必要なことなのです」。「子どもを産み、育てるという母の仕事は、すでに個人的な仕事ではなく、社会的な、国家的な仕事なのです。子どもを産み、育てるばかりでなく、よい子ども産み、よく育てるという二重の義務が女性にはあるのです」と。

晶子はさらに反論し、「平塚さんは、わたしが母性の保護に反対するのは「子どもを自分の私有物と考えて、母という仕事をたんなる個人的な事業と考える旧式な思想に囚われているからだ」というけれども、そうではない。わたしは子どもを「物」だとも「道具」だとも思っていない。一個の「自存独立する人格者」だと思っています。子どもは子ども自身のものです」と言います（以上『資料母性保護論争』より。内容はわかりやすく現代仮名遣いに直し、かなり要約してあります）。

晶子とらいてうでは、どちらの主張に共感を覚えますか？　働きながら〈ほどよい距離〉のとり方を探っていらっしゃる読者は、「子どもは子ども自身のもの」という晶子のほうに共感を覚えますか？　それとも、そこまでの「経済的自立至上主義」はどうかと思われますか？　それはさておき、「子育ては国家的な仕事」というらいてうに、危うさを感じる方もいるのかな？　いかがでしょう。当時は、どちらかというとらいてうのほうに軍配があがりました。なぜなら、らいてうの考え方は、とても「新しい」ものだったからです。

らいてうの主張は、女性が「母性」を通じてこの社会に「居場所」を得ることにつながっていました。男性は兵役に就くことによって国民としての義務を果たし、国民の「権利」を獲得していくことができました。しかし女性は兵役に就くこともできず、国民としての「権利」（たとえば参政権）ももっていませんでした。そんななかで、「子育てをして将来の国民を育てることによって、自分は社会や国の役に立っているのだ」という考え方が、女性に勇気やプライドを与えたのは、想像に難くありません。

このような考え方は、もう少し前からありました。たとえば啓蒙思想家として有名なジャン・ジャック・ルソーの女性に対する考え方はいまからみると「保守的」です。女性が乳母に任せるのではなく、自分の子どもを授乳し、よく育てることによって、家庭が安定し、最終的には（フランス）共和国の安定にまでつながるとまで言っています。当時、授乳は動物的ではしたない行為であると考えられ、多くの子どもが母親ではなく乳母に育てられていました。乳幼児死亡率も高かったのです。そのようななかで、自分が子育てすることによって、国家に貢献できるという考え方は、とても「新しい」もので、女性たち自身にも熱狂的に（？）受け入れられました。

らいてうの時代は、都市にサラリーマンが誕生しはじめ、男性の賃金で一家の家族を養う「家族賃金」も誕生した時代でした。夫の稼ぎで暮らす「専業主婦」が登場したのもちょうどこの頃です。過酷な農作業をする農家のお嫁さんと違って、家事を取り仕切って、子どもの世話をしながら暮らす、というのは当時の人びとにとって、「新しい」、「ハイカラ」なライフスタイルだったのです。

教育するお母さんの誕生

子育てをお母さんが担当するということは、じつは新しい現象です。歴史学者の小山静子さんは、『女大学』などをみても、江戸時代の女性に期待されていたのは、子育てではなかったと言っています。なぜならたとえば、武士としての訓練などを男の子に施すことは、むしろお父さんじゃないとできませんからね。農作業も村全体で、年齢や性別によって分かれたグループで行なわれていたことを考えれば、お母さんの出番が少ないというのは納得がいきます。当時の女性に期待されていたのは、「よい子どもを産むこと」であって、「よい子どもを育てること」ではなかったのです。

明治以降に誕生した「教育するお母さん」は、女性に自由をもたらした側面もあります。子育てをするためには、お母さんも知識が必要になります。賢い母になる必要がありますよね（小山さんによると「良妻賢母」という言葉は古くからある儒教思想などではなく、明治以降の近代化の過程で作られ、韓国や台湾に「輸出」された言葉だそうです）。そのために女子にも教育が必要であるという主張ができ、限界つきながらも女子教育の振興につながったというのです。

現在のわたしたちは、このような明治期、大正期にできた社会の制度をもとにした社会に生きています。この時代に作られた「子育ては母親の責任」という考え方は、わたしたちをいまだに縛っています。働いているからといって、「母親役割」から解放されるということはありません。仕事と家庭のふたつの責任を背負って、頑張っていらっしゃるのではないでしょうか。

子育てをしていると、いろいろなことを言われます。「もう少し××したほうがいいんじゃない?」というようなことを。言うほうは悪気もなく、笑いながら、本当に軽い気持ちで言ったりするのですが（お母さん仲間ではこういうことを言うのは「タブー」に近いので、みなさん、気をつけているのだと思いますが）、言われたほうはぐさりと傷つきます。しかしたとえば、自分が同じことを言われたらと考えたら、じつはそれほど傷つきません。ひとにもよるでしょうが、学者の仲間の議論で多少のことで「傷ついた」と言っていたら、やっていけないということもあるし、「他人の人格や性格にあれこれ言うのは礼儀に反している。言っているひとはどれだけ立派なひとなのだろう」と考えて終わりです。いまさら性格なんて変えられないと、諦めているということもありますが。

それに較べると、この子どもを批判されたときの傷つきかたは、なんなのだろうと思います。それはけっして「わたしの可愛い子どもになにを言うの？」というような単純な気持ちではありません。突き詰めれば、親としての子育て能力を否定されているというところから来ているのだと思います。子育て能力、と書きましたが、これまた子育ての「能力」というスキルの部分だけはありません。そのスキルに繋がる、自分の人格や性格までもが、不適当だと否定されている気がしてしまうのです。

「仕事ができない」というだけなら、「仕事との相性が悪いのかも」、「職場を変わってみようか」、「いっそのこと、仕事自体を辞めようか」など考えることもできるかもしれません。しかし子育てに関しては、「母親業はむいてないから」といって、「他のひとに育ててもらおうか」とか、ましてや「子どもを変えてみようか」とか考えるわけにはいきません。そもそも「母親業がむいていない」ということ自体が、女性にとっては人格にかかわる問題として浮上してきます。

「父親失格」という言葉が出てくる場面を想像すると、たとえば仕事ばかりをして家庭を顧みないとか、いろいろあるでしょうけれど、だからといって父親の人格そのものが否定されるわけではないと思います。いろいろあるそのひとの欠点のひとつに、父親としても十分に役割を果たしていない、という欠点がつけ加わるだけでしょう。しかし女性にとって「母親失格」という言葉は、人間としての存在そのものを脅かす言葉になりかねません。なぜなら、近代に入ってからの子育ては「社会的」「国家的」な仕事であり、「全人類の将来に必要な」仕事となったからです。女性がこの社会において居場所を探すときに、この仕事を請け負うことは、これまでは大きな役割を果たしてきたからです（念のために確認しておきますが、それがいいことであるといっているのではもちろんありません）。

だいぶ前の話になりますが、不思議な事件として記憶に残っているものに、あるタレントの事件があります。覚醒剤を使用して逮捕された彼女が、理由として警察に供述していたのは、「覚せい剤を使うと疲れがなくなり、掃除や洗濯などをやる気になった」ということでした。直接に育児をあげてはいませんが、こういう家事は子育てにもつながっていますから、主婦として、母親として、役割を果たすために、覚醒剤を使用せざるを得なかったのだという論理です。おそらく本当なのかもしれませんが、警察に受け入れられやすい論理をつくりあげたときに、理由として一番受け入れられるだろうという判断がなかったとは言えないと思います。

検察の言い分は、さらに興味深いものでした。検察官は裁判で、「被告人は夫が逮捕された際に駆けつけたが、尿から自分の覚醒剤使用が発覚するのを恐れ、逃走しました。逃走が報道されたことで、「逃走すれば覚醒剤成分が体内から抜ける」という印象を社会に与えました。著名な芸能人であり母親だった被告人は強く非難されるべきです」と陳述しています。覚醒剤を使用することは悪いことであり、著名な芸能人であったタレントが、社会的道義的責任を負うということは理解できます。しかし、「母親」であるから強く非難されるべきだというのは、どういうことでしょうか？　結婚して子どものいる男性のタレントが事件を起こしたときに、「逃亡するなんて、父親として強く非難されるべき」といちいち言われるかというと、首をかしげざるを得ません。

タレント自身が、主婦として、母としての役割を果たすために事件を起こしたのだと主張し、検察側は母親として無責任だと非難しているのですから、焦点はいつの間にか、覚醒剤というよりも、きちんと母としての責任を果たしたか否かに移行してしまっています（別に彼女は子どもをひとり放置したまま逃亡していたのでもないようでした）。しかもそれが裁判での陳述となれば、刑罰は「母親としての責任」をめぐるものであったとすら言えます。これほどまでに、女性は母親であることによって判断されているのです。

母性本能？

子育ては実際には「スキル」である部分もあります。学ぶことによって改善する部分も、大いにあります。しかし明治以降、わたしたちはさまざまな現象を「本能」として説明し始めました。男性は本能的に女性を求めるとか。いろいろな現象を「本能」で説明することは、以前にはなかったことです。

母性という言葉も、本能という言葉と結びつき、「母性本能」という言葉が誕生しました。子どもをはぐくむ母性がもしも「本能」であるとしたら、それがうまくいかない事態は、「異常事態」です。自然に身体にインプットされているはずのプログラムが動かないというのですから。その場合の原因は、たいていその女性のパーソナリティ、性格に求められてしまいます。

母親が子どもを殺害した場合の報道などを考えみても、それはみてとれるでしょう。「お腹を痛めて産んだわが子を殺めるなんて」「鬼」「母親失格」「無責任」などの言葉をみていると、他の女性が当然できるはずであることができない原因は、母親の内在的な原因に求められていることがわかります。しかし事件をよくみてみれば、物事はそう単純ではないということがしばしばです。必要なサポートが受けられていなかったり、社会的に孤立していたり、母親自身が適切な子育てをされた経験がなかったり、むしろ子どもの将来を考えすぎて悲観してしまっていたり。

あたり前のことですが、子育てはそううまくいかない、子育ての過程で親もスキルを学んでいくのだというところから出発するしかありません。母性本能などの言葉は、脇に置いておくほうがいいと思います。親たちも周囲も。人間は他の動物と違って、社会的な動物だからです。そもそも本能という言葉は、それ以上なにも考えさせない、なにも説明していない言葉でもあります。事件が起こったときに、「性欲は男の本能」などと言われることがありますが、これは性欲をうまくコントロールしている大多数の男性にとっては、失礼な話だと思います。「あたり前」以上の正当化はしていないのです。

距離をとるということ

ここまでは母親を縛ってきた「母性」についてのお話でした。二一世紀に入ってもなお、わたしたちはこうした母性神話から自由ではありません。いくらか弱まっているとはいえ、周囲は母親に、母親役割に忠実であることを求めます。またわたしたち自身も、たとえ母性神話に否定的なひとですら、完全に自由になることは難しいと思います。これが子どもをもって、親になったがゆえに子育てを楽しめないパラドクス（というほどのものでもありませんが）だと思います。「親としての自覚」は（とくにこの本を手に取るような勉強熱心なひとはじゅうぶんあると思いますから、周囲の人間はできるだけお母さんたちを追い詰めないようにしてあげて欲しいと思います。

お母さんも、意識的に「距離をとる」ように努めたほうがいいと思います。働いているお母さんは、母親以外の顔をもつことができ、そのことがもたらす〈ほどよい距離〉は、働くことの大きな利点だと思います。それだけではなく、自分のなかの母性神話からも距離をとり、一対一の子育てプレッシャーからの、〈ほどよい距離〉も必要だと思います。

これもまた少し前の話ですが、「ナンバーワンよりオンリーワン」という内容の歌が流行りました。この「ナンバーワンよりオンリーワン」は、他人と自分の子どもを較べるのではなく、自分の子ども自体がもっている価値を認めて、育んでいこうという当然と言えば当然の風潮を生みだしています。育児書にもよく書いてあります。

がしかし、他人と較べないことは、実際には難しいことだとも言えます。なぜなら、自分の子どものどこが「オンリーワン」であるかを知ること、自分の子どもの長所を知ることは、現実には、他の子どもとの比較からしか出てこないからです。学問においてオリジナリティというものは、他の研究との差異からしか出てこない、既存の研究がどういうものかを熟知し、比較することによってにしか作られないのだということは、学生時代、先生に口を酸っぱくして教えられたことでした。

「オンリーワン」とはそういうことではない。子どものすべてを丸ごと受け入れればいいのだと、思われるかもしれません。その通りですが、実際にそれは不可能です。親の役割には子どもを受けとめ、可愛がることだけではなく、「標準」からいかに遅れていないかをチェックすることも含まれているからです。発語は何歳だったか、歩行はいくつからだったか、体重や身長は大きな遅れがないか、他の身体機能に問題はないか、発達に異常はないか、親は健診を行なう行政などと協力しながら、目を配ることを求められます。早期に発見されるべき異常をみつけられなかった場合、「お母さん、なにやっていたの！」と言われます。発達障害などの啓発が進んだ結果、社会性の遅れにも気になります。抽象的な「標準」と比較すると、気になることは増える一方です。

わたしの場合、子育てから力が抜けたのはむしろ、「他の子と比較しない」というタブーをやめたときでした。園の参観日に行くと、子どもは本当にいろいろです。おっとりした子もいれば、ちゃきちゃきした子もいる。それぞれ個性的なんだと、周囲と比較して初めて了解できたのです。それにやはり、どのように育てても「生まれつき」の個性というものがあるのだなぁということも、実感できます。「親である自分の責任」を超えるなにものかがあるのだということを受け入れられて、ホッとしました。

もちろん、比較することによって不安になることもあるでしょう。うちの子が一番できないわ、と感じることもあるでしょう。でも抽象化された想像上の「平均」と闘い続けるよりは、さまざまな子どもたちのなかで、自分の子どもの「個性」をみることのほうが重要であると思うのです。どんな子どもにも、必ず良いところはあり、同年代の子どももさまざまで、ばらつきがある。子どもと親との一対一の関係をやぶり、大きな集団のなかに自分の子どもを置いてみる、子どもと〈ほどよい距離〉をとってみることによってみえてくることは大きいと思います。

新しい「母性」の悩み

森崎和江という思想家がいます。彼女は妊娠五か月のときに、友人と話していて突然「わたし」という一人称が言えなくなったという話を書いています。これは近代的な自己(「単独な我」)と、身体性、胎児という他者性をめぐる深い思想に繋がる話ではあるのですが、ここでは割愛します。自分が妊娠したときに、どのような意識の変化があるのかを楽しみにしていたのですが、わたしには残念ながら、そのような深い感慨はなにもありませんでした。むしろ自分の身体に宿っている胎児は、徹底的に「他者」であり、「距離」のあるものだったのです。森崎さんのような深い思想を紹介したあとに書くのはかなり気がひけますが、生まれたばかりの子どもは一方的に世話をしなければいけない存在で、「なにか虫みたいだな」と感じられました。動き始めてこちらの言うことを理解しているかのようにみえる頃になると、「なんだか、ワンちゃんみたいだなぁ」と思いました。ちょっと不謹慎で書くのをためらわれますが。子どもが歩き、言葉を喋るようになった頃にはじめて、「ああ、人間らしくなってきたなぁ」と感じたものです。

わたしのような世代の人間にとっては（きっと読者の多くはわたしか、それ以下の年齢の人たちだと思うのですが）、子どもとの「距離」はそもそも、その上の世代のひとたちよりは大きいのではないかと思います。しかしこの「距離」が生みだす「抑圧」についても、再び考えるようになりました。

それは、「子育てを楽しめない」という罪悪感です。一九八〇年代に、育児ものといわれるジャンルが、ある種の文化やファッションとなって消費されていきました。内田春菊という漫画家は、妊娠出産で身体に起こる変化を『私たちは繁殖している』で、面白おかしく描きました。詩人の伊藤比呂美は「胎児はウンコだ」と言いきり、自ら描いたイラストとともに、「コドモより親が大事」「がさつ、ずぼら、ぐうたら（な子育て）」などのフレーズをちりばめた子育てのエッセイをつづりました。どちらでも、「子ども」と「自分」とのあいだに距離があり、子どもは完全に自分とは違う独立した人格、他者として描かれています。子産み、子育てはこんなに楽しいんだということが、くり返し描かれてきたのです。そこでは、まだわたしたちを縛っている母性の神話は、完全に打ち砕かれています。そして母性の抑圧をはぎとってみれば、もちろん大変さはあるけれど、子育てはこんなに楽しいんだ、子どものために子育てをするのではなく、子育てをする自分を楽しんでいいんだということが強調されているように思います。

このようなエッセイに慣れ親しんだ世代のわたし（たち）には、先の世代の母性の神話だけを生きてきたひととはまた別の罪悪感があります。それは子育てを楽しめなかったり、自分が母性の神話を内在化していると気がついたりしたときに感じられる罪悪感です。実際わたしの出産は、前期破水から始まったちょっとした難産だったのでしたが、「出産が大変なんて思いもよらなかった」と感じ、自分でもびっくりしました。よいお産、楽しめるイベントとしての出産というイメージばかりがあって、なにかに負けたような気持ちにすらなりました。働き続けることでヘトヘトになって、妊娠による変化を楽しむ余裕なんてまったくありませんでしたし。

そう。出産、子育てはいまやイベントとなっているのです。生涯未婚率は男性で二割、女性で一割を超えました。多くのひとは「結婚したくない」という確固たる意志をもってしないのではなく、「いいひとがいたらしたい（けど妥協してまでは結婚したくない）」と考えているうちに生涯独身になるという統計があります。また不妊のカップルも七組に一組とまでいわれています。不妊治療ののちに生まれる子どもは、そこかしこにいます。近代においてあたり前とされていた「結婚して子どもをもつ」というライフスタイルは、いまや「選びとる」ものになっています（もちろん結婚しないで子どもを産んでも構わないのですが、多くの先進諸国で三〇パーセントから五〇パーセントを超える婚外子出生率は、日本では二パーセントちょっとにすぎません。そして結婚の三割近くがいわゆる「できちゃった結婚」です）。出産や育児は誰もがするものから、選びとったひとだけが体験する「イベント」になったのです。このせっかくの「イベント」を楽しみたい、いや楽しまないといけないのだと思うようになってきているのではないでしょうか。

子育てを楽しみたいと思うのはよいことですが、それが「子育てが楽しいものでなければならない」という規範に転化するとなると問題です。子育ては楽しいことばかりではありませんし、なによりも働くお母さん、お父さんには圧倒的に時間がない。必然的に、余裕もなくなりがちです。

以前一緒に仕事をしたひとが、「妊娠出産って、大変なのは数年のことじゃないですか。長い人生のたった数年のことで、人生を変える必要はないと思います」と発言されていて、羨ましく思ったことがあります。子どもに手がかかる期間はそう長くないにしても、親は子どもの人生に責任を負うことを考えると、「たった数年」と割り切れないところに悩ましさがあると思います。

実際、「コドモより親が大事」、「がさつ、ずぼら、ぐうたら」を標語にしていた伊藤比呂美はのちに「考えをあらためた」と言っています。「娘たちが思春期のときに、子どものことでもみくちゃになり、考えをあらためた。いまは、なによりも家族を優先したいと思っている」(『閉経期』五五頁)と。また子育ての難しさを「祟ること」だとも書いていたこともありました。この述懐は、たんに以前の子育てが間違っていたからというような単純なものではないと思います。同じ本で描かれているのは、父の死、母の死、そして親との葛藤と愛情でもあるからです。そして自分が八〇年代に出版されたこのような子育て本を子どもがいないにもかかわらず読んでいたのは、子育てに関心があるからというよりは、自分のされた子育て、親との関係を、どのように自分がする子育てを通じて作り直していくのかに関心があったからのような気がするのです。

人びとが子育てについて知っていることは、自分がどう育てられたのかという、その一回の経験でしかありません。親が自分に最高の子育てをしてくれた、そして自分も同じような最高の子育てをしてあげられていると実感できているひとは大丈夫でしょう。でもおそらく、そういう幸せなひとは少ないのではないかと思います。多かれ少なかれ子どもは親には完全に理解されないものですし(親と自分とを切り離して違う人間なのだと認識することが「自立」の第一歩です)、極端なことを言えば、されてはいけないのです。親の子育てをもとにまた子育てをする。ある意味で、子育ては自分の子ども時代をもう一度生きなおすことでもあります。しかも多くの場合、まったく違った環境で育ったふたりによって子育てが担われることが多いのですから、そういう意味でも大変です。

ロールモデルの欠如

現代は、共働き世帯が片働き世帯を大幅に上回っている時代です。そしてこの本を手にとっている読者のご両親の世代は、専業主婦のお母さんが圧倒的に多かった世代の方なのではないでしょうか。妻が働いていても、たとえ働かなくて専業主婦だったとしても、圧倒的多数が専業主婦であることを前提として社会がつくられていた時代です。現在の子育ては、自分が育てられた時代とは社会のシステムも、要求される子育ても変わっていっているのです。またお父さんも、「稼ぐこと」が主な役割だった時代から、家事や育児を分担することがあたり前の時代へと変わりました。自分が育ててもらったのとは違う役割をこなさなければならなくなったのです。

一九九〇年代以降、父親が大黒柱として家庭を支えるという近代家族モデルは、大きく転換しています。終身雇用や年功序列といった日本型経営が崩れたのです。先進諸国はすでに「片働きから共働きへ」とさまざまな家族モデルへ転換していますが、日本もだいたい二〇年ほど遅れて、それにならってきているのです。実際には妊娠直後から「保活」に奔走する必要があるひともいるほど、保育の制度は整備されていません。税制や社会保障の共稼ぎモデルへの転換は遅々としています。またなによりも、働くときに親の手助けを借りなければならないひとも多いと思いますが、女性が働かないことが圧倒的だった世代の親御さんとの価値観のギャップに大変な思いをするひともいるかと思います。少なくともわたしの場合、「保育園に預けてまで働く必要があるのか」「母親なんだから仕事ができなくてもあたり前のはず」という母親を、ときに受けながし、ときに辛抱強く説得するという仕事と、仕事と母親業の両立はなかなか手ごわいものでした。母親が仕事をもっていないからこそ育児を手伝ってもらえるのですから、文句は言いにくいのですが。

変化しているのは、親世代だけではありません。子どもの最終的なゴールをみつけるのも、難しくなってきています。いままでは、教育を終わらせ仕事をみつければ、だいたい定年になるまで働けるだろうとか、女の子なら何年か働いたあとに結婚して専業主婦かもしれないだとか、それなりに子どもの人生の予測がつきました。その将来のために、いまなにをして、どう育てればいいのかも、はっきりとしていたように思います。しかしこれからは、女の子だからといって専業主婦になることはほとんどできない社会になっていきます。さらに就職したからといって、そのまま勤め続けられる保障もなければ、大学をでたからといって正社員になれるという見込みが必ずある訳でもありません。このことが子育てをいっそう難しくしていると言えるでしょう。わたしたちは大きな転換期に生きているのです。

ただよく考えてみると、サラリーマンと専業主婦が誕生したのがほぼ一〇〇年前。多くのひとが実際にサラリーマンや専業主婦になるようになったのは、農業から第三次産業へと産業構造が転換した高度経済成長期です。それほど長い歴史をもっているわけではありません。

日本でサラリーマンの夫と専業主婦の妻の組みあわせが大量に生まれていた頃に、アメリカなどはすでにこの組みあわせの夫婦の形態の行き詰まりがみられ、共働き世帯への転換がみられていました。アメリカのウーマンリブ運動の皮切りは、戦後の日本社会で「憧れ」とされた郊外の専業主婦こそが「幸せ」を実感できないことから自責の念に駆られて、うつ病やアルコール依存症に悩まされていることを調査した『女性の神話』（邦題は『新しい女性の創造』）という本だと言われています。当時、家族は「幸せ」でなければならない、プライベートな場所だったのです。また離婚率が高い社会では、サラリーマンの夫と専業主婦の妻の組みあわせは、破たんしたときに妻の側が経済的に困窮してしまうというリスクが高くなります。そういう意味でも、共働き世帯を前提とした社会制度設計への転換は、必然だったと言えるでしょう。

アメリカではその後、「家族の崩壊の時代」がきたと言われました。しかし崩れたのは、核家族を前提とする家族の幻想であり、訪れたのは貧困による格差の拡大によって生じる家族問題と言ってよいでしょう。この貧困の拡大による家族の崩壊については、近年の日本はアメリカ型社会を理想として格差をよしとする政策に舵を切っていますから、近いうちに日本でもいまより大きな社会問題となると思います。

貧困は大きな問題ですが、従来型の核家族による家族のモデル、幻想が崩れることのほうは、必ずしも悪いことであるとは限りません。近代家族では、愛という感情の自由に基づいて結婚することになっています。しかしこの近代的な「感情の自由」は、ひとたび家族を形成してしまうと、行使することはほとんど不可能になります。相手を嫌いになる自由を失うのです。この不自由のなかでがんじがらめになっていたのが近代家族です。しかし相手を嫌いになる自由、家族を解散する自由を手にすることは、逆に家族を健全なかたちで継続させるというパラドクスもあります。

核家族は子育てにとって、唯一の理想の形態ではけっしてありません。戦後になって核家族は、家父長制からの独立を意味し、社会の民主化のシンボルとなりました。もちろん、戦前の家父長制的な家族のほうがベターであると言いきることもできないと思います。どのような家族形態も、メリットとデメリットがありますが、父と母とふたりだけで子育てを乗り切らなければいけない核家族のシステムは、閉鎖性という意味ではなかなか大変だと思います。

結婚再婚をくり返すアメリカの家族は、もちろん子どもにとっても、家族にとっても、大変な側面も多くあります。よい側面をあげれば、その分多くのネットワークのなかに人びとが所属することにもなるという点です。子育てにかかわるひとが多くなれば、それだけ子どもの居場所も多様になります(もちろん悪い側面も、状況によってはあります)。また知人のレズビアンカップルは人工授精によって子どもをつくっていましたが、「普通」の家族形態でないからこそ、多くのひとを巻き込んで子育てが進行していくのだなぁとも考えさせられました。理想とする「ロールモデル」もないので、大変だろうとは思いますが、反対に自由な側面もあるのではないかと。またアメリカ滞在時の近くのコインランドリーには「シングルマザーですけど、同じシングルマザーのかた、もしくは子どものいる共同生活に関心のあるかた、一緒に住みませんか？」などという広告を気軽にだしているひともいました。

アメリカでは結婚しないで子どもを産むひとは、三人にひとり以上、フランスやスウェーデンでは半分以上にのぼります。日本社会では近代家族の枠組みはまだ、しっかりと残っています。「理想」の子育てや、「理想」の家族を決めることはできないと思いますし、何事にも一長一短があります。しかし、「お父さんお母さんと子どもからなる核家族」が規範化された歴史もそう長いものでもなく、唯一のものでもありません。現在の家族のなかでの親の役割を自分自身に縛りつけるのではなく、たまには大きく深呼吸して、肩の荷を下ろすように努めてください。世界中には、また過去の歴史を振り返っても、「いろいろな家族」「いろいろな子育て」が存在しているのです。

また三組に一組の結婚が離婚に終わる現在の日本では、シングルマザーの世帯は珍しいものではなくなっています。読者のなかにも多くいらっしゃることでしょう（もちろん、シングルマザーを選ぶ要因は離婚だけではなく、さまざまです）。シングルファーザーのほうはまだ、ちょっとマイノリティと言っていいかもしれませんが。

イクメンとは

ここまではどちらかというとお母さん、母性のほうに焦点を当ててきました。しかしロールモデルの欠如という意味では、より深刻なのは実はお父さんの方かもしれません。子どもを慈しむ「母性」がどのようなものか、わたしたちの意見はだいたい一致をみます。しかし「父性」とはなにかと問われても、おそらく答えるのは難しいのではないでしょうか。

近代家族における父の役割は、「稼ぐこと」でした。一家の大黒柱となることが、父親の役割だったのです。しかし近年は共働き世帯が増え、お母さんの役割も仕事と家事育児になってきたように、お父さんの役割も多様になってきています。たとえ専業主婦世帯でも、「自分は働いているから」はあまり免罪符にならなくなっています。また稼ぐこと自体も、近年の労働市場や雇用形態の変化によって、以前のような保障もなくなってきています。そういう市場の流れと、男女という性別にはこだわらず、生活をゆっくりと楽しみたいという価値観の変化から、妻が働き夫は家事・育児に専念する「専業主夫」世帯も、珍しいものではなくなりました。

育児に熱心な男性に対しての「イクメン」という呼び方もすっかり定着しました。イクメンに関する聞きとり調査などを通しても、自分は「イクメンではない」という男性、また

「男は稼ぎ、女は家事育児という形態が望ましい」と口ではいう専業主婦世帯の男性でさえもが、かなり積極的に育児にかかわっている場合があり、感心させられました。「夫として」妻を手助けするのではなく、「父として」責任があるというのです。そもそも「手助け」とか、家事や育児の「参加」という表現も奇妙ですよね。母親の育児「参加」という表現はあり得ないのですから。

イクメンは、妻から感謝されています。先に紹介した、子育てを「楽しむ」という昨今の風潮からも、イクメンは増えると思います。家族での休日の団らんは、以前だったら「家族サービス」だったかもしれませんが、少子化、未婚化が進む現在では、誰にでもできることでなくなってきています。「男性の年収と結婚率は相関している」といわれ（統計的にも事実ではあります）、結婚や育児が「幸せ」や一部のひとが手に入れることのできる「特権」とみなされるようになったことで、男性の子育て参加の意味も変化してきているのではないでしょうか。

感謝されるイクメンではありますが、妻の側からのリクエストで多かったのは、以下のようなことでした。育児には表にみえる世話の部分と、一見みえにくいけれども実際には必要とされる影の部分がある。影の部分は、長期的な視野に立って育児の方針を決めてそれに沿った子育てをすることや、実際にどのようなスケジュールに沿って子どもや家族が過ごすのかをアレンジすることである。この部分はみえにくいけれどとても重要なことである。その部分を実際には妻が担っていることをきちんと認識して尊重して欲しい、もしくは、自分ひとりで勝手に決めないで欲しいと。子どもと直接むきあうことも大切だが、きちんと話しあい、妻の意向も尊重したうえで、子どもに接して欲しいと。

お父さんとお母さんの判断のすべてが一緒である必要はありませんが、お互いに協力しあって家庭を運営するという姿勢が必要なようです。以前は働くお父さんが、日頃一緒に過ごしている母子にのけ者にされて、休日に淋しい思いをするというようなことが、よくマンガなどのネタとしてとりあげられていました。今度は反対に、イクメンのお父さんにお母さんが疎外されたように感じて、淋しく思うこともあるようです。難しいものです。夫婦で子育てをする場合には、子どもをケアするだけではなく、パートナー同士をいたわることも、子育ての一部に入っているのでしょう。

現在の日本社会、日本の家族は転換期にあります。親も子どもも、それぞれが充実した人生をおくれることを祈りながら筆をおきます。

コラム

インターネット時代の子どもたち

山川裕樹（カウンセラー）

「泣き続けてる？　おっぱいもすぐ吐いちゃってしんどそう」「ネットで〝赤ちゃん　おっぱい　吐く〟で検索してみよう……。ひょっとして、重い病気かも？　病院行ったほうがいいのかな、でもこれくらいで来るなと言われたら……」。生後間もない子どもをかかえたわが家で、いくどとなくくり返された光景です。不安のあまり小児救急にかけこんでも、ただの風邪なのですこし様子をみるようにと言われて帰るのがオチでした。

インターネットの普及は、わたしたちの日常生活を変えました。ここ最近のスマートフォンの普及は、さらにひそかに生活を変えていると思います。「ケータイで連絡をとりあう」のがあたり前な時代のいまの子どもたち。その感覚の違いに戸惑っておられる読者の方もおられるのではないでしょうか。ここでは、子どものネットサービス利用について考えてみたいと思います。まずは、子どもたちの利用が多いネットサービスについて紹介します。よくご存知の方もおられるでしょうし、あるいはなにがなんだかサッパリな方もおられるでしょうが、すこしおつきあいください。

表1をご覧ください。現在、若者を中心に人気のあるサービスです（独断と偏見含む）。大きく分けて、「直接やりとり系」・「メッセージ・画像投稿系」・「掲示板系」・「生中継系」としてみました。このなかで、いまの若者に人気があるのがLINEとニコニコ動画でしょうか。無料で通話でき、かわいいスタンプでの交流ができるLINEは中高生を中心に爆発的に広がりました。ニコニコ動画は、巨大掲示板2ちゃんねるにルーツを持ちながらも、面白い動画にコメントをつけるという機能がウケ、若者のユーザーを多数獲得しています。LINEは友達などとの近しいコミュニケーションのツールとして、ニコニコ動画は面白いものを共有する匿名のやりとりとして、どちらも一定の人気を保っています。

　もちろんこれだけではありません。学校裏サイトとも呼ばれる学校ごとの交流サイトも

生中継系	パソコンやスマートフォンのカメラ機能を使ってリアルタイムで自分の様子を動画配信し、みている人とやりとりができる。		
ツイキャス	現在若者たちの間で流行のきざしがみられる。動画で配信しながらリアルタイムで視聴者とやりとりするコミュニケーションに力点が置かれている。	○	◎
ニコニコ生放送	左記ニコニコ動画の姉妹サービス。ゲームプレイや絵を描く様子を配信し、その動画の上にコメントが流れる。一般人の動画配信だけでなく、通常のテレビ放送局のような固定番組も存在している。	○	○

註：匿名性　×＝実名　○＝固有名必要（仮名可）　◎＝固有名基本不要
　　オープン　×＝特定相手のみ閲覧可能　△＝非公開選択可
　　　　　　　○＝要会員登録　◎＝誰でも閲覧可能

表1　人気のネットサービス

サービス名	内容	匿名性	オープン
直接やりとり系	登録した相手とメッセージや通話、ビデオ通話ができる。		
skype、LINE	skype のほうが歴史は古いが、LINE はかわいい画像付きでメッセージのやりとりができるとして若年層を発端に現在では幅広い層にユーザーを獲得。	○	×
メッセージ・画像投稿系	メッセージや画像を投稿して、周りの人たちとコミュニケーションをとる。有名人や企業の利用者もあり、返事をもらえることも。		
facebook	実名登録が基本。一日一回利用する活発なユーザーは10億人といわれる（2016年4月時点）。実名のためか、思春期ユーザーの利用が活発なわけではない。	×	△
twitter	140文字までの短いメッセージ（つぶやき）を投稿。一個人だけでなく首相や有名人も多く発信している。	○	△
インスタグラム／pixiv	画像／お絵かき交流サイト。利用者は自分が撮った写真や絵などを投稿し、気に入ったものに評価したりコメントをつけたりする。写真投稿のインスタグラム、イラスト投稿のpixiv でユーザー層はやや異なる。	○	○
掲示板系	ジャンル分けされたいくつもの掲示板があり、ファン（並びにアンチファン）がメッセージを書き込む。		
2ちゃんねる	巨大掲示板。最近では、掲示板に書き込まれたメッセージを編集して載せているサイト（まとめサイトと呼ばれる）も人気を博している。	◎	◎
ニコニコ動画	YouTube のような動画サイトであるが、利用者が動画にコメントを書き込むと字幕として表示される。自分で動画を投稿することもできる。	○	○

ありますし、短文や写真を気軽に投稿できるツイッターは世代を問わず安定した人気を誇っています。最近ではツイキャスなどスマートフォンから気軽にライブ動画を配信できるサービスが人気で、自分の部屋などでスマートフォンに向かってしゃべりながら「視聴者」の人たちとやりとりを楽しむ中高生が増えていると言われています。これら人気のサービスも流行しだしたのはここ数年の話ですし、LINEにいたっては二〇一一年六月のサービス開始ですので、おそらくほんの数年で全然違うサービスが人気となるでしょう。ひょっとしたらここにあげたサービスですら、流行に敏感な層ではもう下火になっている可能性もあります（先のニコニコ動画も一時期ほどの勢いはありません）。なんにせよ、いまわたしがちょっと把握しているくらいの情報ですので、子どもたちに人気のネットサービスはまだまだ潜在していると思われます。

……ふう。なんだか、ため息が出ます。若者に人気のサイトがこんなにもあって、それぞれがちょっとずつ違っていて、しかも人気だと聞いた時点ではそのブームが去っているかもしれず、これ以外にもどんどん新しいサービスが出てくる。これらを全部理解していこうと考えると、なんだかうんざりしますね。

わたしはここで、子どものネット利用を考えるためのなんらかのメッセージを送りたいのですが、ふと立ちどまってしまいます。これほど多様で変化の早いネットの世界について、なにをどう言えば具体的に役に立つだろう？　それぞれのサービスをとりあげればすぐ風化しそうだし、全部一括して述べるには多様すぎる。なんとも難しい課題です。そこでまずは、わたし（たち？）が感じるこの「うんざり感」を手がかりに少し考えてみることにします。

このうんざり感の正体はなにか。おそらくそれは「知らないもの、よく分からないものがいっぱいで、別に好き好んで知りたいわけじゃないのに、それらを知らなければいけない」ギムカンからくるものだと思います。本当はしたくないのに、それをしなければならない、気乗りがしていないにもかかわらず、しなければいけない。なぜか。「親だから」。それがこの「うんざり感」の背景にあるのではないでしょうか。「親だから、知らなければならない」とわたしたちはどこかで思わされているかのようです。しかし、誰に？

ここで、当の若者たち、子どもの側に視点を移してみます。同僚の先生が自分の娘に「LINEって流行《はや》ってるんだって？」と尋ねたところ「お父さんはしなくていい」と言われたそうです。どうも子どもたちのあいだでは「LINEは自分たち世代のもの」という意識があるようです。親には踏み込まれない、自分たちだけのもの、彼らがLINEに求めているのはそのような性質なのです。

考えてみれば、いつの時代も若者はそうしたものを求めてきました。流行語はいつも若者由来でしたし、良識あるオトナに眉をひそめられながらも若者独自の文化が作られてきました（丸文字なんてのもありましたね）。「小説ばかり読んでいると頭が悪くなる」と言われていた時代もあります。これをお読みいただいている皆さんですと、マンガやゲームなんてのが「親には分からない自分たちの文化」だったひともいるのではないでしょうか。
若者が親世代に分からないものを求め、自分たちだけに通じるものを喜ぶというのは、いつの時代になっても変わらない普遍的なことなのかもしれません。いつの時代も、子どもは自立の一歩として親に邪魔されないものを求めるのです。それが小説やマンガ、ゲームだったし、いまの時代はネットなのでしょう。若者世代の流行は、親に踏み込まれないからこそ価値があるのです。

そう考えてみると、変わってしまったのは、親であるオトナ世代のほうかもしれません。昔の親は、若者文化に眉をひそめていれば片付きました。オトナ世代はオトナ世代の価値観であればよいので、わざわざ知ろうとする必要がなかったのです。しかし、いまの時代は、親が子どもを「知らねばならない」という妙な強迫観念があり、知らないことになんだか罪悪感をもってしまう。そういうカラクリなのではないでしょうか。

中沢新一さんという宗教学者は、『ポケットのなかの野生』という本で、テレビゲーム「ポケットモンスター」を論じています。中沢さんは、子どもたちはそのゲームにおいて「野生」を体験していると言います。たしかにそれはテレビゲームのなかであるけれども、子どもたちのこころにおいては、虫取りや魚釣りのような野生に触れることをしている、と。この見方、若者のネット利用にも使えそうです。つまり、彼らのこころにおいては、昔の時代と変わらないことを体験している、と。

最初にあげたＬＩＮＥというソフトですが、子どもがスマートフォンをほしがる理由のひとつにまでなっています。「みんながＬＩＮＥで遊んでるから、わたしも仲間はずれにならないように」。この「みんなと一緒のをもたないと仲間はずれになる」という不安それ自体は、おそらくオトナ世代のひとも多かれ少なかれ子ども時代に体験したことでしょう。だとすると、ネット時代だろうがそれ以前だろうが子どもの感じる不安は変わらないことになります。たしかに、いまの子どもたちをとり巻く環境はネット時代固有のものです。しかしそれを使う子どもの側が感じる体験（不安）は、じつのところあまり昔と違わない。そう考えてみることもできそうです。

もちろん、体験が同じとはいえ、異なるところも多いです。ネットでのやりとりには親から「みえにくい」という特徴があります。「街のなかのアヤシイ場所」への出入りは一目瞭然ですが、「ネット上のアヤシイ場所」に出入りしているかどうかは親にはほとんど把握できません。もともと思春期は「アヤシイもの」への興味が湧いてくる時期です。それらへ近づき、簡単にコトバにできない深い思いを体験することでひとはオトナになるのですが、ディスプレイ上の「アヤシイ」情報はどうも実感が乏しいのか、その「アヤシイ」体験を充分に深めにくいようです。体験が深められないとどうなるか。単純に量を増やすことで解決しようとします。友達が何人いるか、どれだけ情報をもっているか、パソコンのなかにアニメのデータがどれだけあるか……。

でも、深い体験になるのか表面をなぞって終わるのか、それはネットかどうかの問題ではありません。目の前にいるひととのやりとりでも表面的に終わることもあります。メディアの特性はたしかにあります。でも、親として見抜かねばならないのは、「それを子どもはどう体験しようとしているのか」であって、「ネットサービスの中身」ではないはずです。

親は子どもについて知らないことが出てくると心配になります。まさに本書のテーマである「子別れ」の問題です。でも、子どもにとっては知られたくないことも出てくるのが思春期です。思春期はオトナに複雑な思いを抱きます。子どもは親に「知られたくないけど、分かっていてほしい」のです。

ネット時代、「知ること」は簡単になりました。情報ならたくさんあります。わたしたちは行ったことのない観光地ですら、ネット情報を駆使すればみてきたかのように語ることはできます。でも、本当に「分かっている」かと聞かれると、どうでしょう。観光地情報ならかわいいもんです。もし、子どものことを、「分かっていない」のに「知っている」で済ませようとすれば、どのような事態を生むことになるでしょう。

これからもおそらくたくさん生まれるだろうネットサービスを、すべて知ろうとする必要はありませんし、不可能です。大切なのは、知ることよりも分かろうとすることです。そこで起きているのはどういうことか、子どもたちはそれをどのように体験しているのか。もちろん「分からない」こともあるでしょう。そのとき、焦りは禁物。「分からないことを分かっている」、それでいいのです。みた目の多様性はカッコに入れて、子ども側の体験として考えてみると、案外、自分と重なるところもみえてくるかもしれませんね。

第4章 ワーク・ライフ・バランスを考える

中里英樹
甲南大学教授。専門は家族社会学、人口学。

ワーク・ライフ・バランスとは

最近、「ワーク・ライフ・バランス」という言葉を、あちこちでみかけるようになりました。日本では、この言葉は二〇〇〇年代の初め頃、企業に子育て中の女性を含む多様な人材を定着させる経営戦略として紹介され始めました。たとえば、二〇〇一年に日本能率協会が機関誌『ＪＭＡマネジメントレビュー』（七巻八号）で「ワーク／ライフバランスで築く新人事戦略」と題する特集を組んでいます。

わたしは一九九〇年代の終わりに父親となったのですが、父親になった同世代の友人たちのあまりに多忙な働き方をみて、研究の関心を、専攻していた家族社会学から父親の働き方に広げていきました。わたし自身は、そのとき通勤時間が車で一五分、講義や会議があるときでも、夕方は遅くとも六時過ぎには家に帰れる生活でしたが、それでも身近なところに子育てに協力してもらえる親族がいないため、妻にかかる子育ての身体的・精神的負担は目にみえて増えていきました。しかし、統計をみても、友人たちの話を聞いても、多くのお父さんたちは子どもが生まれても、仕事の時間を切り詰めることはとても難しい様子で、いったいどれほどの負担がお母さんたちにかかっているのか、想像するに余りあるものでした。

このようなことから、子育てと働き方の研究を進めることを決心したのですが、その頃は企業の施策として「ファミリー・フレンドリー」という言葉は使われていたものの「ワーク・ライフ・バランス」という言葉は耳にすることがありませんでしたし、仕事と生活の関係が、社会全体の注目を集めるということはありませんでした。

少子化対策キャンペーンと父親の働き方への関心

一九九九年に厚生省（当時はまだ厚生省と労働省とが別々の省でした）が、少子化対策キャンペーンとして「育児をしない男を、父とは呼ばない。」というキャッチコピーと、有名男性芸能人が自分の子どもを抱いている写真が掲載されたポスターや新聞全面広告を発表し、話題となります。

これは政府が父親の子育て責任に切り込んだ画期的なコピーとして評価される一方で、長時間労働や単身赴任など、子育てにかかわりたくてもできないような働き方こそが問題であって、父親を責めるようなコピーはいかがなものかといった批判もあり、賛否両論の議論を巻き起こしました。この時点ではまだ、男性の働き方を変えるとりくみとは、具体的に結びついていませんでした。

冒頭に書きましたが、もともと企業の経営戦略として、おもに欧米の先進企業のとりくみを通じて紹介された「ワーク・ライフ・バランス」という概念が、わが国では二〇〇五年頃から少子化対策としても注目されるようになりました。

こうした日本社会の流れをはっきり示したのが、二〇〇七年に政・労・使、すなわち国や地方公共団体、労働者団体、経営者団体が合意する形で、「仕事と生活の調和（ワーク・ライフ・バランス）憲章」を策定したことです。

「憲章」によると、「仕事と生活の調和（ワーク・ライフ・バランス）が実現した社会というのは、「国民一人ひとりが、やりがいや充実感を感じながら働き、仕事上の責任を果たすとともに、家庭や地域生活などにおいても、子育て期、中高年期といった人生の各段階に応じて多様な生き方が選択・実現できる社会」だとされています。

「ワーク・ライフ・バランス」の考え方

「ワーク・ライフ・バランス」は、仕事と生活という別々のもののあいだの綱引きではありません。収入を得る仕事も広い意味での生活の重要な要素であり、逆に家庭生活のなかにも、賃金が発生しないだけで「仕事」と言えるような活動がたくさんあります。さらに、いわゆる「仕事」（賃労働）と生活のその他の要素が、互いに衝突するだけでなく、片方にかかわることが、他方でのパフォーマンスを高める可能性があるというようなプラスの相乗効果をもちえます。

また、ファミリー・フレンドリーやワーク・ファミリー・バランスという言葉と違って、ライフ、すなわち生活全般を含んでいるということも重要です。ですから、仕事と家族という領域以外に「地域活動や自分の趣味や学習」という領域も含まれてきますし、それゆえ、子育てや介護を担っているひとたち以外を含む、社会のあらゆるメンバーにとって意味をもつ概念になっています。

もうひとつ大事な点は、「ワーク・ライフ・バランスは目的ではない」ということです。まずは自分自身の幸せ、そのうえで、家族や友人など身の回りの大切な人びと、職場の同僚を含めた幸せを達成するための手段と言えます。

本書は、現在子育て中のひとたち、あるいはこれから子育てをするかもしれないと思っているひとたちに向けて書かれているものですので、「ワーク・ライフ・バランス」を考える究極の目的は、子どもの幸せと自分やパートナーの幸せにあるでしょう。とりわけ「子どもとの〈ほどよい距離〉を実現するために、「ワーク・ライフ・バランス」を考えてみようというのが、この章のねらいです。

ところで、どのように「ワーク・ライフ・バランス」を向上させるかは、そのひとによって、また同じひとでもそのときの状況によってまったく異なります。そのため、まずいま自分がどのような状態にあるのかを知る必要があります。

そこで、自分の生活の現実を確認することから始めましょう。

「仕事と生活の現実」をチェックする

まず、表1の「仕事と生活の現実チェック」作業用シートに、できるだけ具体的に、仕事と生活全般の、この一週間の毎日の時間の使い方を書き込んでみてください。これは、わたしが市民講座や職員研修で講師をするときにも、受講者にやっていただいているワークです。ときどき「毎日同じだから」といって、まったく手をつけない強者《つわもの》の受講者がいたりしますが、そこまではいかなくでも、会社などで働いていると、縦に長い線を引いて「仕事」と書くひとが結構います。

細かい行動を思い出すのは大変かもしれませんが、「メールチェック」「会議」「得意先回り」など、性格の違う仕事は、できるだけ区別して書いてみてください。いわゆる、賃金労働以外の家事として食事の準備、洗濯、洗濯物干し、ゴミ捨て、掃除、犬の散歩など、さまざまな活動があります。睡眠も活動のひとつです。並行している活動があるかもしれませんが、その場合は、主だと思われることを記入してください。どうしても思い出せないようであれば、これからの一週間を記録してもいいでしょう。

次に、表2「現実の時間配分」に、項目別にまとめて時間の合計を書き込んでください。すでに書いたように目指すべき「ワーク・ライフ・バランス」のあり方は、そのひとが置か

表1「仕事と生活の現実」チェック　作業用シート

	月	火	水	木	金	土	日
4:00	睡眠						
5:00							
6:00	00. 起床 10 朝食準備 30 朝食						
7:00	00 片付け 30 保育園に送る 移動						
8:00	30　出勤						
9:00	メール処理						
10:00	会議						
11:00							
12:00	昼食						
13:00	外回り						
14:00							
15:00							
16:00							
17:00							
18:00	報告書作成						
19:00							
20:00	移動						
21:00	夕食						
22:00	洗い物 洗濯						
23:00	保育園準備 入浴						
0:00	睡眠						
1:00							
2:00							
3:00							

表2　「仕事と生活の理想と現実」チェック集計表（1週間=168時間）

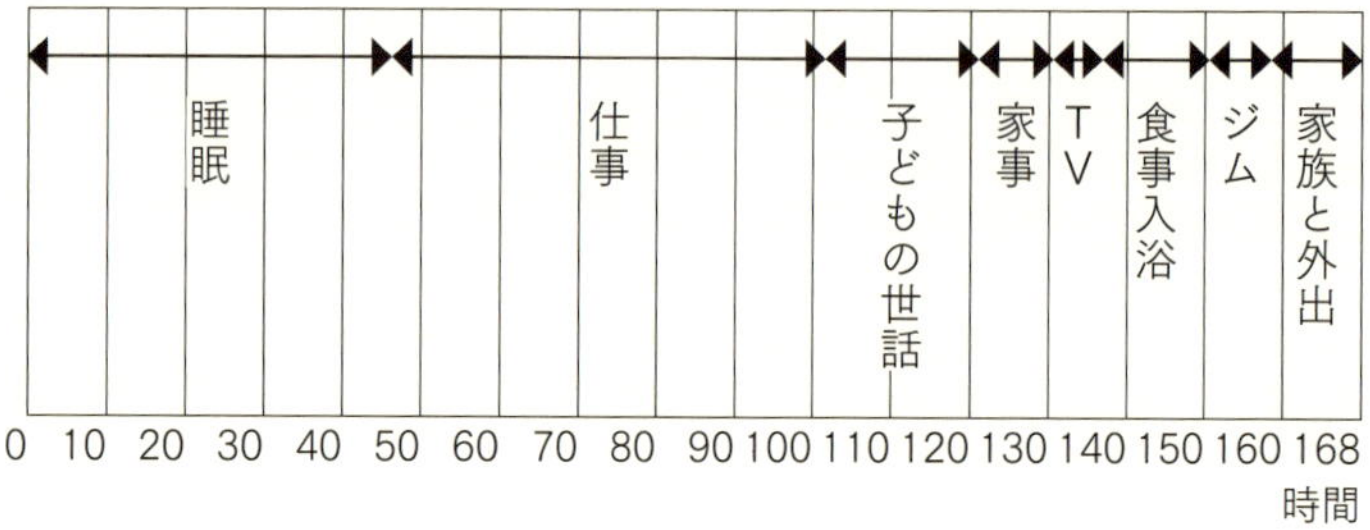

れた状況によって異なります。表1と2に書いた時間が、わたしたちそれぞれの「ワーク・ライフ・バランス」を考える出発点です。

仕事・家族・コミュニティにおける負担と資源

ここで「ワーク・ライフ・バランス」を考えるためのさまざまな要素についてみていきましょう。

図1の枠組みは、パトリシア・ヴォイダノフという心理学者のものをベースに、その他の研究や自分の体験も踏まえて、オリジナルなものに変えています。

まず、仕事と生活にかかわる領域の区別です。子育て中のひとにとってのワーク・ライフ・バランスといえば、どうしても、仕事と家事・育児の時間配分がまず頭に浮かびます。つまり、仕事（賃金労働）の領域と家族の領域です。しかし、ここでは、あえてそれ以外の領域を追加して考えていくことにしましょう。これを「コミュニティ」と呼ぶ

図1　仕事・家族・コミュニティにおける負担と資源のモデル

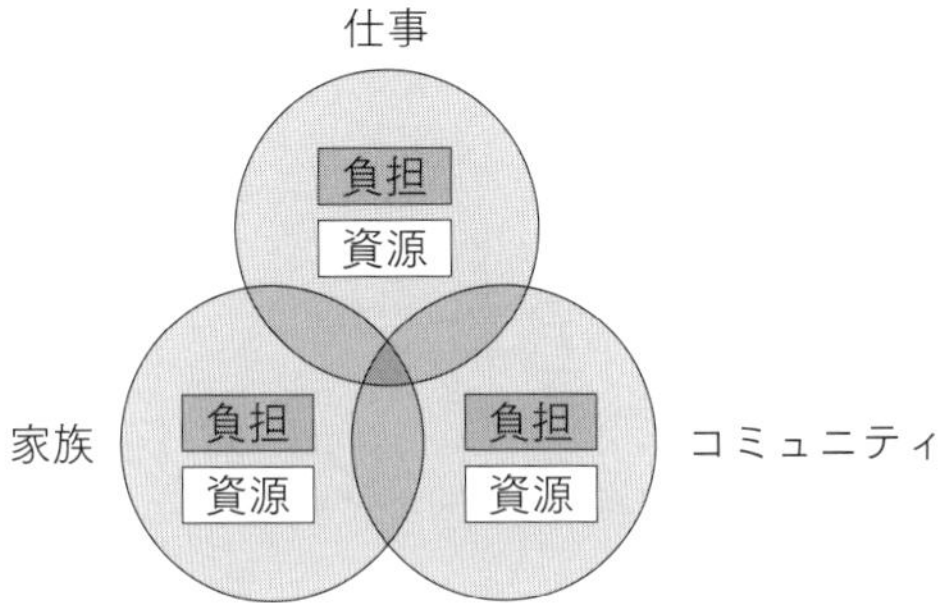

ことにします。

コミュニティというと、一般的には地域社会が思い浮かぶと思いますが、ここではさらに広い意味で、たとえば、公的な子育て支援組織や、友人同士、趣味、ママ友以外に、学習の場、PTA、地元のボランティアなどを通じたつながりも含めます。さらに拡大して、他人と対面的に接触しなくても、インターネットやSNS（ツイッター、フェイスブックなど）を通じてつながる仲間、さらにひとりでの読書や趣味などを通じて精神的に広がる世界まで含めてもいいと思います。

もちろん、「いま、自分は、家のことしかしていない」というひともいると思いますが、ここでは、将来を含めた自分の理想も考えていただきたいので、仕事・家族・コミュニティの三つの領域を前提に話を進めていきます。

これらの領域それぞれのなかに、自分の時間やエネルギーを費やす必要のある「負担」と、なんらかの物理的、心理的メリットをもたらしてくれる「資源」が存在します。

負担

たとえば、会社で割り当てられた業務にかかる時間は、「仕事」の領域での「負担」のわかりやすい例です。子どもにご飯を食べさせることは、子どものいるひとであれば家庭で毎日直面する「負担」です。

また、時間の多少にかかわらず、心理的なストレスも「負担」の重要な側面です。仕事上のノルマのプレッシャー、子育ての孤立感などがその例です。

資源

これには、負担への対応を直接的に容易にしてくれるようなものと、満足感のように心理的に報償として感じられるようなものがあります。

たとえば、業務を別のひとがサポートしてくれたり、業務を容易にする技術や制度があれば、負担に応えやすくなります。また、同じ量の仕事を同じ時間をかけてこなしていても、そこに自分自身の満足や、周りからのねぎらいや評価があれば、そのひとの幸福感にプラスに働くでしょう。

フルタイムで働く母親たちの多くは（近年ではその夫たちも）、仕事と家族の両方の負担の多さに板挟みになっています。しかし、同時に仕事は自分の活動に対する他人からの評価や、自分の満足という資源をもたらしてくれます。「ワーク・ライフ・バランス」とは、こうした「負担」と「資源」の全体についての自分の感じ方ということになります。

出産を機に仕事をやめて子育てに専念している母親は、（自分自身の）仕事の領域からの負担はありません。しかし、その反面、仕事の領域に含まれる資源も活用できないことになります。ですから、両立の苦労がない分、ワーク・ライフ・バランスの問題がないかというと、必ずしもそうではありません。二四時間子どもと向きあい、その苦悩を身近な夫にも十分理解してもらえず、その先の展望がみえないという焦りや孤独感は、家族という領域の「資源」だけでは、子育ての全面的な責任という負担に対して、「ワーク・ライフ・バランス」を向上させられないという状況を示していると考えられるのです。

時間の配分だけの問題ではない

仕事をしている親たちの多くは、子育てと仕事の板挟みに悩みますが、その板挟みにはふたつの方向があることを以下に説明します。

仕事から家族への葛藤

まず、仕事のしわ寄せが家族にいっていると感じる状態は、仕事から家族への葛藤（work-to-family conflict）と呼ばれます。フルタイムや比較的時間の長いパートタイムの仕事をしている母親は、同じように、あるいはそれ以上に長く働く父親よりも、このような葛藤を抱えやすいと言われています。自分も周りも、母親に子育てや家事に関する役割を多く期待してしまうからです。

この点で、ワーク・ライフ・バランスが時間の配分だけの問題ではないことがわかると思います。しかし、最近では「イクメン」という言葉の広がりなどもあって、父親の育児へのかかわりへの期待や意識が高まっています。それでも父親たちへの仕事の負担は変わらずに高いため、妻の期待や自分自身の希望と比べて子育てにかかわることができず、この「仕事から家族への葛藤」を感じる父親が増えているようです。

家族から仕事への葛藤

一方、母親に多いケースですが、子育てのためにいったん退職後、パートタイマーとして再就職した場合や、フルタイムから短時間勤務に切り替えた場合は、思うように仕事ができないことに不満を感じたりしています。本人の意識としては、家族の事情で仕事に支障をきたしていると感じられるため、「家族から仕事への葛藤（family-to-work conflict）」と呼ばれます。もちろん、父親も子育てのために残業を減らしたり、在宅での仕事を増やした場合は同様の葛藤を感じるでしょう。

「コミュニティ」における負担と資源

ここまで、仕事と家事・育児のあいだの葛藤だけで話をしてきましたが、「コミニュティ」の要素にも触れておきましょう。

子育て期のワーク・ライフ・バランスを考えるとき、賃金を得る仕事と家族というふたつの領域だけに注目しがちです。実際にそれ以外の余裕がないということも多いでしょう。しかし、そう考えてしまうと、たとえば、就業せずに子育てに専念している場合には、仕事の要素が存在しないので、バランスのとりようがないことになります。

そこで、第三の領域「コミュニティ」を視野に入れて考えることが必要です。これには、前述したようにさまざまな関係が含まれます。そして、「コミュニティ」にも負担と資源が存在します。子育てサークルは悩みを共有し情報を交換する仲間と一緒の時間を過ごせる点で、重要な「資源」になりますが、一方で、人間関係の難しさや、「まだ、家でやりたいことが残っているのに外出しないと」というような時間的な拘束が「負担」になる場合があります。

このように負担もたしかに存在しますが、いま、かかわっている領域の範囲で行き詰まっている場合は、資源を増やせる「コミュニティ」を考えてみることが解決の糸口になる可能性大です。

さまざまな立場の「ワーク・ライフ・バランス」向上戦略

さて、ここまで、少し抽象的な話が続いてしまったので、具体的な例で考えてみましょう。ただし、ワーク・ライフ・バランスを改善させる方策は、そのひとの置かれた状況によってまったく異なります。

たとえば、乳幼児のいる母親たちの就業状況をみてみましょう。図2のグラフは二〇〇一年と二〇一〇年に第一子を出産した母親たちの出産半年後の就業状況を示したものです（「二一世紀出生児縦断調査」）。

二〇一〇年では、九年前の二〇〇一年と比べて有職者（育児休業中を含む）の割合が、一〇ポイント以上、上昇していることがわかります。ただ、それでもなお無職の母親が六割以上と、最大の割合を占めています。子育てに専念したかった、仕事を続けたかったが両立が難しいなど、さまざまな理由で仕事を辞めた人たちです。

そこで、こうした母親たちにとってのワーク・ライフ・バランスを考えてみましょう。これまでにみたようにワーク・ライフ・バランスは、「負担」と「資源」の差し引きの全体像です。そこに問題があれば、とり得る戦略は負担を減らすか、資源を増やすか、あるいはそ

図２　第１子出産半年後の母親の就業状況

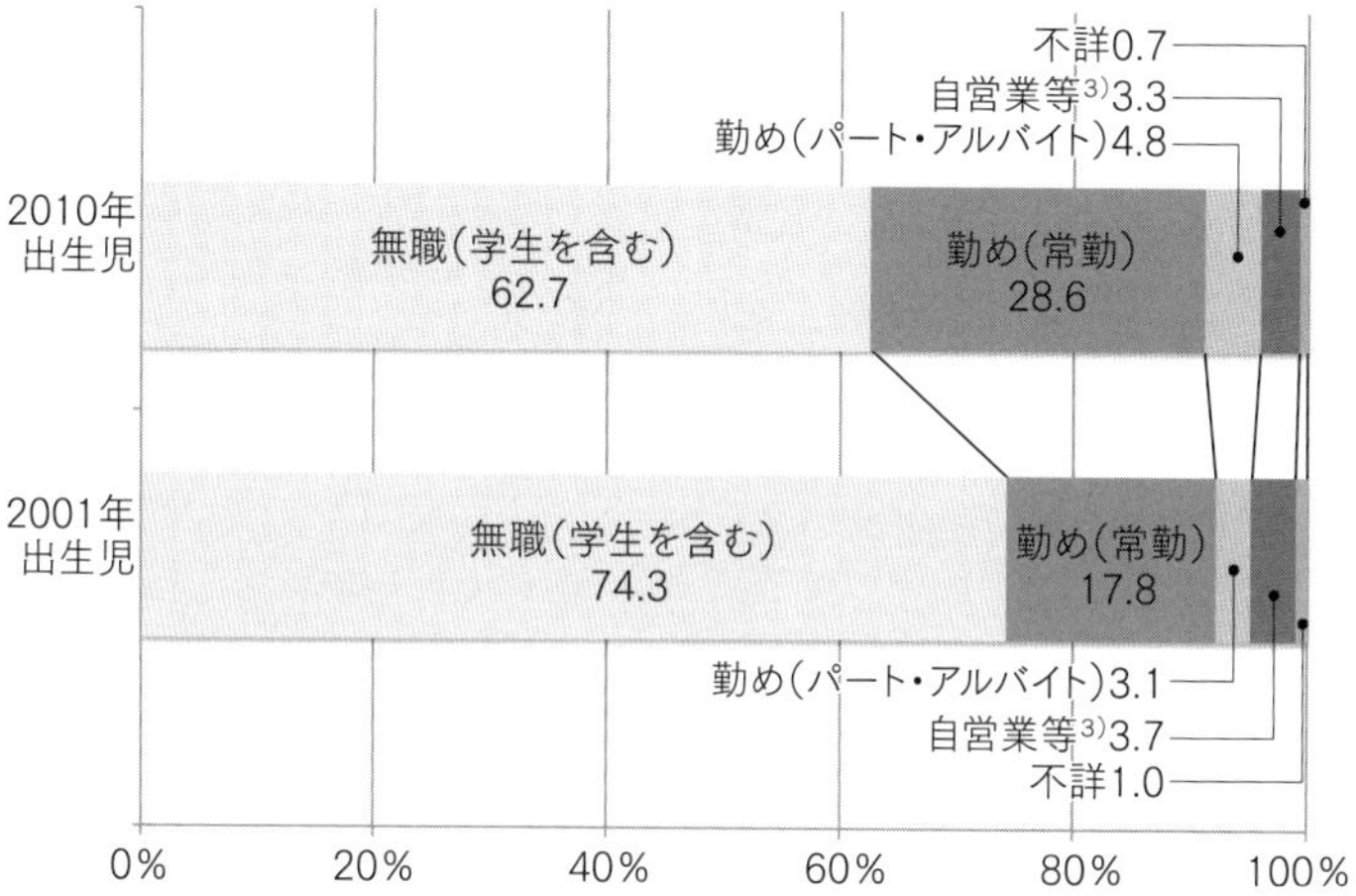

注：1）第1回調査の回答を得た者のうち、母と同居、きょうだい数1人（本人のみ）の者をそれぞれ集計している。
2）「有職」には、育児休業中等の休業を含む。
3）「自営業等」は、「自営業・家業」、「内職」、「その他」である。

の両方です。

専業主婦のワーク・ライフ・バランス

専業主婦の場合、賃金をもらう場としての「仕事」という領域は存在しません。この立場の母親は、最初の仕事と生活の時間配分で「仕事」に相当する時間は書き込んでいないはずです。ですから、仕事からくる時間的・心理的な負担は存在しません。

「家で子どもとゆったりできていいね」と、周りから言われることがあるかもしれません。でも、果たして余裕のある気持ちで生活しているのでしょうか。

言葉も通じない、こちらの気持ちも察してくれない子どもと向きあい、夜中も、二、三時間おきの授乳でゆっくり寝られません。夫は、週末にはベビースイミングに子どもを連れて行ってくれたりするものの、平日は早朝から夜一〇時か一一時まで不在です。もう少し帰ってきてほしいけど、仕事で頑張ってくれているのだから、家にいるわたしが子育ては頑張らないと……と思って、愚痴もあまり言えません。

こんなうつうつとした気持ち、「暗いトンネルをいつ抜けられるのか」という気持ちになることも、多いのではないでしょうか。

たしかに、退職してしまえば、仕事上の「負担」はありません。しかし、仕事から得られるような他人からの承認や尊重という「資源」も得られなくなっているのです。もちろん、子育てや家事も重要な仕事ですが、うまくいってあたり前と周りから思われ、自分の手に負えないときに替わってくれたり、サポートしてくれる人がいない状況は、負担に対して資源が不足しています。家族内の資源として夫がいるかもしれません。しかし、定常的に得られる資源としては、まったく足りない場合がほとんどだと思います。

そこで、必要になるのが「コミュニティ」の領域の確保です。最初に考えられるのが、地域での直接的な子育てサポートの場をみつけることです。このようなサポートについては情報提供も含めて、わたしの子どもが乳幼児だった十数年前と比べて、はるかに充実してきていると感じます。

当時のことを知らない読者のために、わたしの経験をここでちょっとご紹介します。十数年前は、ようやくインターネットが一般家庭に普及し始めた時代でしたが、パソコンを立ち上げ、モデムという機械を通して電話回線でダイアルし、ファックスのような電子音がしばらく流れたあとで、ようやくインターネットにつながり、接続時間を気にしながら、情報を探さないといけませんでした。

そもそも重いデスクトップパソコンの置いてある部屋が暑かったり寒かったりで、たどり着くまでのハードルが高く、身寄りのない土地での始めて子育てで疲れた妻に「インターネットで情報を調べてみたら」といっても、「そんな気力も出ないわ」という状態でした。

わたし自身が市町村の男女共同参画講座などの講師をすることになって、託児つきの講座を提案しても、ようやく三歳以上なら認められるといった状況だったのです。

現在では、各市町村や区が子育て支援センターを設置し、子育て支援関連の情報を提供しています。保育所で提供しているリフレッシュなどにも利用できる一時保育、育児サークル、市町村毎に整備が進んでいる家庭的保育（いわゆる保育ママ）、保育園・幼稚園への送り迎えや、前後の預かりを地域の家庭に依頼できるファミリーサポートセンターのサービス、○歳児から託児付きの無料セミナーなど、さまざまな地域のサービスがあります。子育て支援で悩んでいるお母さんは、ぜひ上記のようなサービスを探してコミュニティ領域の資源を増やし活用してください。

資源としての夫の「活用」方法

もうひとつ、先ほど夫のサポートは、定常的な資源としては足りないと書きましたが、増やせる「資源」はできるだけ増やしたいものです。

そこで、資源としての夫の「活用」方法を考えてみましょう。上にみたようにコミュニティの資源を活かすことはとても大事で、それでワーク・ライフ・バランスが向上し、生活の満足度が高まったら、それでいいのかもしれません。しかし、資源の幅が広いことに越したことはありませんし、なにより夫自身のワーク・ライフ・バランスを向上させるためにも、あえて夫を引き込むことは重要です。

例をあげてみましょう。先にみたように、日中にはコミュニティのさまざまな形のサポートが存在し、母親が子どもから目を離すことがある程度できます。しかし、夕方以降には子どもから目が離せない場面が多くなります。そこで、週一日か、二週間に一回でもいいので、夕方以降の用事を入れてみてください。

習い事・スポーツや資格の勉強、友人との会食なんでもかまいません。ただ、できるだけ時間が固定しているものを選択してください。

子育て中は時間が読めないので、都合のいいときに行ける、スケジュールが柔軟なものを選んでしまいがちです。でも、そういうときだからこそ、いつでもいける用事はついつい延ばし延ばしになって結局できないのです。

ですから、決まった曜日の決まった時間から動かせない用事を設定したほうが、無理にでも時間を作り出すことができます。そして、その日だけは、夫に定時に帰ってきてもらうことを原則にします。

どうしても帰れない用事が入るときには、あらかじめ信頼のできる託児サービスやファミリーサポートセンターのサポート会員などをみつけておいて、そこに子どもを預けましょう。専業主婦であっても、自分自身の急な病気など、子どもを預ける必要が急に出てくることはあります。そういう場合に備えて、子どもが安心して時間を過ごせる場所をみつけておくことはとても重要です。できれば、定期的に行く機会を作って慣らしておくほうがいいでしょう。

夜の時間帯に夫に子どもを任せて、友人たちと「飲みに行く」というのもお勧めです。専業主婦として子育てをしているお母さんたちのなかには、夜にひとりで外出することに、大きな罪悪感を感じたり、そんなことできるものだと思わなかったというひとが結構います。しかし、無理だと思い込んでいるだけで、夫に聞いてみると案外簡単に請けあってくれることもあります。

「寝かしつけは無理だ」と思い込んでいるお母さんもいるかもしれませんが、それはお母さんが別室にいる状況だからであって、いないとわかっていれば、あきらめて寝てくれる可能性は高いですし、お父さんのほうも、帰ってくるまでに寝てくれればいいや、とゆったり構えることができます。

わたしが講師をしたセミナーで、この話を聞いたお母さんに、その後、連続講座の報告会で再度お会いしたら、「頼んでみたらあっさり引き受けてくれました！」と喜んでいた人がいました。夫も自分だけ飲みに行ったりすることを心苦しく思っていたりするので、たまには立場を逆転してあげたほうが、夫も気が楽になることがあるのです。

ただし、その不在のあいだに起こったことには、基本的に文句を言わないことが、この機会を長続きさせるために重要です。普段仕事をしていないひとが、急にプレゼン資料の準備をしろと言われてもできないように、毎日の生活に家事や育児が組み込まれているひとと、たまにするだけのひとでは、プロと素人ほどの差があるでしょう。

もちろん、今後のためにやり方の改善点を見出すことは大切ですが、まずはその時間のおかげで自分ができたことに目を向けて、「ああ、もう一回食器を洗い直さなきゃ」とか「洗濯物のたたみ直しだ」というあたりにはとりあえず目をつぶってみてください。

さて、ここで、表1の時間配分に戻って、コミュニティの時間を五時間ほど増やしてみましょう。どこに入れますか？

入れるためには、どこかの時間を削らないといけませんね。使い方をもてあましている時間帯はもちろん、必要だと思っている家事・育児時間でも、やり方や必要性を見直すことで減らすことができるかもしれません。

また、ワーク・ライフ・バランスは「負担」と「資源」の差し引きだということを思い出してください。仮に子どもと遊ぶ時間はそのままであっても、他のお母さんたちと安心して子連れで遊ぶ場所を確保することで心理的な負担を減らすことは可能です。

再就職へのステップ

ここまでは、就業していない母親について、コミュニティに資源を求める戦略について書いてきました。しかし、金銭的な面を考えると、コミュニティとのかかわりは、習い事であればもち出しになり、行政の子育て支援など、せいぜい無料で参加できる活動が中心になります。活動に対する賃金という形での評価はありません。

仕事の領域が加わると、たしかに負担も増えますが、家族やコミュニティの領域にはない資源を得られるメリットがあります。しかし、出産を機に退職した女性の復職がそう簡単なものでないことは、多くの方が経験していることだと思います。

幼い子どものいる母親が再就職できる機会は限られており、あったとしてもパート、アルバイト、派遣、契約社員が大半で、賃金が低いために、保育所や託児所などの費用のほうが高くなってしまったり、前職と比べてやりがいのない仕事が多いのが現状です。

そもそも大都市圏では、育児休業から復帰するひと（つまりすでに職を得ているひと）ですら認可保育所に子どもを入所させることが難しく、待機児童の増加が大きな問題となっています。まして、求職中のひとが認可保育所を利用できる可能性は、かなり低くなってしまいます（二〇一五年四月からの子ども・子育て支援新制度によって、求職中であることも保育の必要性の理由として認められるようになり、変わっていくかもしれませんが）。

そこで現実的な選択肢としては、認可保育所以外の手段を用いながら、次第にコミュニティ的領域での活動を広げていくのはどうでしょうか。

子どもが幼稚園就園年齢になるまでは、どちらかというと自分が子育てについてのサポートを受けるという形でつながることが多いかと思いますが、たとえば地域の子育て支援センターや男女共同参画センターなどの連続講座などを通じて参加者同士が仲間を作り、地域の子育て情報誌を出版したり、より小さい子どものいるひとたちのサポートをしたりという活動を進めていく母親もたくさんいます。

さらに子どもが幼稚園に行くようになれば、その時間帯を活用してできる選択肢は多くなります。幼稚園の保護者会活動を通じて、組織のなかで目標に向かって共同作業をするという経験を積んで、復職への自信をつけていくこともできるはずですし、並行してパートや契約社員などで仕事を探していくこともできるでしょう。

仕事やコミュニティ領域での活動（ＰＴＡなどを含む）をする際に重要なのは、「家事・育児に支障のない範囲で」という考えをしないことです。

たとえば、妻がフルタイムで働いている場合は、夫の家事時間が多いというデータがあります。これはフルタイムの女性が夫と対等に稼いでいる場合が多いため、ということももちろんあります。しかし、それ以上に、実際仕事で家にいられない時間が多いために、分担しなければ家事が回らないという事情のほうが大きいと思います。

ですから、パートであってもコミュニティ活動であっても、家庭内で可視化（最近の言葉では「みえる化」ですね）することが大事です。たとえば、週一日でも夫より早い時間、少なくとも同じ頃に家を出なければ行けないシフトのあるパートを入れる。また、家族全員の休みが減るという問題点はあるのですが、夫の休みの日に仕事やコミュニティの用事を入れるという手も有効です。

相手によっては理解を得るのが難しい場合もあるかもしれませんが、たとえば賃金がいいとか、仕事の内容がいいなど、なにか説得しやすい材料をみつけるとよいかもしれません。現在、自分に収入がないのは、自分が「選択」したことかもしれませんが、それは子育てをしながら働くことが難しい日本社会の仕組みや、夫の働き方などによって生み出された選択肢の限られた究極の選択の結果です。

現状からではなく、本来、子育ても仕事もコミュニティ活動も誰もが平等な配分でする権利があるという前提から発想し、理想の状態に向かって互いにすりよせを図ればいいのです。

いずれにしても、最初から完璧な条件の再就職ということをあまり考えずに、少しずつ自分の仕事の経験値と、パートナーの家事育児の経験値を増やしていく、という程度の構え方のほうが先に進みやすいでしょう。

育児休業中の母親たち

次に、育児休業中のお母さんたちのワーク・ライフ・バランスを考えてみましょう。

図2のグラフでみた二〇一〇年に第一子を出産した母親たちについての調査によると、常勤で働いている人たちの九三・五％が育児休業を取得済み・取得中・取得予定です。

専業主婦の母親についてはすでに書きましたが、育児休業中の母親の場合も、その期間だけをみると、「仕事」の領域が存在しないことになります。ただいったん仕事を辞めているひととの大きな違いは、一定期間後に再び職場復帰することが決まっているという点です。仕事の領域を含めたワーク・ライフ・バランスが目前に迫った（しかし、現実にはまだ生じていない）課題として、存在しているのです。

ワーク・ライフ・バランスの枠組みを用いて、休業中に準備できることを考えてみましょう。いくら一定期間後に復帰できるからといって、目の前の状況は、子育てに二四時間使えると周囲からみられ、家事育児の責任を一身に背負っているお母さんが多いと思います。その点では、すでにみた専業主婦の母親の場合の戦略と重なります。それに加えて、休業中とはいえ、自分の仕事で遅れをとる焦燥感を感じるひともいると思います。その点では、仕事領域からの負担だけが存在して、そこでの達成感や承認という資源が不在という酷な状態であるとも言えます。

この時期にとりわけ大事なのは、自分に家族以外の領域、特に仕事領域があることを、夫や周囲のひとが、そしてもちろん自分自身が忘れないように工夫するということです。ここもやはり「可視化」の問題になります。

子どもが生まれるまで、なんとか夫婦で時間をやりくりして家事を分担してきた経験が、妻が育児休業に入ったとたんに、「あー、これで妻が家にいてくれるから、ご飯作る心配しなくていい」となってしまった、という話をよく見聞きします。

そうならないためにも、前述した再就職へのステップの場合と同様、夫の家事・育児の責任の割合を最初から組み込んでおくということが必要です。

冒頭に書いた一週間の時間配分はどうなっていましたか？　この機会に仕事につながるスキルを磨く時間を確保し、そのあいだに夫の家事・育児参加が必要であることを伝えるということもひとつの方法です。その活動にお金がかかるとしても、育児休業給付が受けられるのならその分を自己投資に当てられると考えていいのではないでしょうか。

また、フルタイムなどでの復帰が予想される分、逆にコミュニティの資源を増やすことにも意識を向けたほうがいいと思います。復帰後に、終日子どもを預ける保育所などを探すことはもちろん欠かせない活動ですが、それ以外にも子育てサークルや幼稚園・保育園の園庭開放、地域のボランティアなどを通じて、行き来できる範囲でのインフォーマルなネットワークを作っておくことは、情報源という点でも、保育園に頼れないときのサポート、心理的なつながりという点でもとても重要です。

もちろん、復帰後でも保育園の親同士でネットワークは作れるはずですが、人間関係のマイナス面に入り込まないためにも、複数のネットワークの存在がとても有効です。

この他、家庭、職場での具体的な準備については、『さあ、育休後からはじめよう――働くママへの応援歌』（山口理栄・新田香織著、労働調査会、二〇一三年）にとても詳しく書かれていますので、ここでは省きます。

フルタイム就業の母親

育児休業から復帰した母親、また育児休業をとらずに仕事を続けている母親、このフルタイム就業の母親たちこそ、最も「ワーク・ライフ・バランス」というテーマに関心の高いひとたちかもしれません。

自身の体験や調査を踏まえた、フルタイム就業と子育てを両立するための具体的な工夫については、参考になる本が多く出版されてきています。先程紹介した、『さあ、育休後からはじめよう』にも、復帰後に必要な情報が書かれていますし、『ふたりの子育てルール――「ありがとう」の一言から始まるいい関係』（治部れんげ著、ＰＨＰ研究所、二〇一二年）、『2

人が「最高のチーム」になるワーキングカップルの人生戦略』（小室淑恵・駒崎弘樹、英治出版、二〇一一年）にも共働きをうまく回していくためのノウハウがたくさん書かれています。

そこで、本書では、フルタイム就業中のお母さんが自分なりのワーク・ライフ・バランスを考える手助けをできればと思います。仕事、家族、コミュニティという三つの領域における、負担と資源を概観して戦略を考えてみましょう。

育児休業中と比べると、フルタイム就業週四〇時間（＋残業）、仕事領域の負担が確実に増大します。もちろん、保育園に預けることに成功していれば、その時間にあたる子育ての時間は減りますが、その分、保育園に関連する身の回り品や書類の準備時間が必要になりますし、帰宅後の子育てや家事に必要な時間はほとんど変わりません。くり返し書いてきたように、ワーク・ライフ・バランスは負担と資源のトータルについての個人の認識です。

そこで、まず資源に注目すると、仕事による達成感や評価、それが給料という目にみえる形であらわれる満足感、目標をともにする同僚との会話など、休業時には得られなかった資源がたくさん現れます。ですから、時間的な負担が増していても、このような資源によって、自分のバランスがとれているという実感があれば、大きな見直しは必要ないかもしれませんが、さまざまな調査をみても、共働きの母親の多くが、ワーク・ライフ・バランスに問題を感じているようです。

その場合、ワーク・ライフ・バランスを向上させるには、すでにある資源によって負担を減らす、さらには資源を増やすことを考える必要があります。

①家族から仕事への葛藤

もしいまの不満が、「仕事が存分にできない」ことであれば、それは仕事からの達成感という資源が不十分ということになります。その場合、仕事時間を変化させるという戦略と、仕事を効率化して同じ時間での仕事の達成量を増やすという戦略が考えられます。後者ができればそれに越したことはありません。そのノウハウについて書かれた多くの本もありますので、試す価値は大いにあるでしょう。

ここでは前者を中心に戦略を考えます。おそらく、仕事が存分にできないストレスを感じるのは、保育園の迎えなどでやりかけの仕事の途中で切り上げないといけないという場合が多いのではないでしょうか。終わりを区切ってその範囲で仕事を効率化するのは必要です。しかし、週に一度くらいは、自分なりに納得したところで仕事を終えたいと考えるでしょう。もし、毎日自分が子どもの迎えに必ず行くという状況にあるひとは、夫と話しあって、最低週一日は迎えのことを考えずにすむ日を作ってはどうでしょうか。このように役割の固定を外して、家事・育児のすべての側面に夫が対応することは、さまざまな事態への対応の幅を広げます。

夫の都合がつかない場合や、どうしても仕事で残る必要が出てくる場合に備えて、コミュニティの領域でも、資源を確保しておく必要があります。ファミリーサポートセンターなどを通じて、保育園の迎えと帰宅までの託児をお願いできる体制を作っておくことは、安心感にもつながります。

②仕事から家族への葛藤

次は、仕事が忙しくて「子どもとの時間が十分とれない」という悩みについてです。

これは本書の全体のテーマと関連しますが、自分自身が仕事に満足できて、限られた時間でも子どもと気持ちよくかかわりあっていれば、それほど気に病んだり罪悪感を感じる必要はないと思います。しかし、その仕事の忙しさ自体が自分自身を消耗させてしまうほどの状態の場合は、仕事のほうの資源を活用して負担を軽くする必要があります。

実は、ある研究によれば、家族から仕事への葛藤だと思っている悩みの場合も、その原因が実は家庭内にあるわけではなく、仕事の負担（要求）にある場合があると言います。わたし自身、思い当たるところが大いにあります。

大学教員という仕事は、会議や授業のない曜日や長期休み中は、自宅で過ごすことが可能です。しかし、職場に拘束されている時間以外に授業の準備や調査、結果の分析、原稿の執筆など、すべき仕事、したい仕事がたくさんあります。

自宅にいると、妻や子どもから時間があるようにみられるため、あれして、これしてと声をかけられ、思うように仕事が進まずイライラしてしまうことが多々ありました（今でもないとは言いませんが……）。これは、一見すると、家事や子育てによって仕事に支障をきたしているようにみえますし、そう感じていました。

しかし、「家族から仕事への葛藤」と感じていることの起源が、じつは仕事の領域での負担にあるという研究結果をみて、とても考えさせられました。

家事・育児のせいで仕事ができていないのではなく、この授業の準備を大学で区切りをつけていないため、あるいは先のことを考えずに原稿執筆を引き受けてしまったためなのではないかと、考えるようになったのです。

アメリカのある研究者は、夫婦がともに働いて子育てもしていける労働時間の上限は週三五時間程度だろうと論じています。

ですから、職場の制度を活用して、時間短縮や週四日勤務という方法も検討してみてはどうでしょうか。ただし、その場合、自分だけが変更するのではなく、夫と話しあって双方ができるだけ平等に仕事時間を減らすことが重要です。

両立の難しい日本社会ですが少しずつ動いています。

わたしが注目しているのは、次世代育成支援対策推進法の影響です。二〇〇三年に成立したこの法律により、あらゆる職場が子育て中の従業員をサポートする制度を整える計画「一般事業主行動計画」をたてることを義務づけられました。その計画と実施状況がある基準を満たした企業に使用が認められる「くるみん」マークを自社の資料などでみた人もいるのではないでしょうか。

あまり認識されていないだけで、ここ数年で制度が整えられている可能性は大いにあります。直属の上司がわかっていなくても、人事部や上層部は利用を期待しているかもしれません。

ちなみに、厚生労働省が作成している「両立支援のひろば」のなかの一般事業主行動計画公表サイト（http://www.ryouritsu.jp/hiroba/）で、各企業の行動計画の検索ができます（ただし、計画を策定していてもこのサイトに登録していない企業はあるようです）。

自分の企業の制度の詳細は、直接人事などに尋ねればいいかもしれませんが、自分が利用する可能性など考えてもいない夫の会社のとりくみをこのサイトで一緒に確認して、利用可能性について話しあってみてはどうでしょう。

さらに、同業他企業のとりくみを調べて、労働組合などを通じて新たな制度の導入を働きかけるということも考えられます。

父親のワーク・ライフ・バランス

ここまで母親たちのさまざまな状況別に、ワーク・ライフ・バランスの戦略を考えてきました。父親の場合も、同じ状況にあれば、同じような戦略があてはまるはずです。

しかし、育児休業制度の度重なる修正によって、なんとか上昇した男性の育児休業取得率が二%程度に過ぎないなど、父親のワーク・ライフ・バランスを考える前提は、母親と大きく異なるのが現実です。とはいえ、「イクメン」という言葉の流行は、育児を積極的に担おうとしている父親たちのネットワーク化や関連イベントなどを活発化させ、父親たちにもさまざまなバリエーションが生み出されています。

子どもが生まれても、働き方がほとんど変わっていない父親は大勢おり、そのことは特に共働きの妻の不満として語られます。

まず、「妻が（仕事を辞めるのも、続けるのも）自分で選択したのだから、いまの状況が納得づくの形だ」と思っている父親の場合です。

ワーク・ライフ・バランスは自分自身の認識ということを書いてきました。その意味では、まったく子育てを妻に任せきりであっても、父親本人がその状況に問題を感じなければ、ワーク・ライフ・バランスに問題がないと言えるかもしれません。しかし、その状況に妻が不満を感じ、やがて家庭内に大きなトラブルを抱えた場合、家族の領域の負担が増大し資源が減少することにつながります。したがって、父親自身のワーク・ライフ・バランスは妻のワーク・ライフ・バランスと切り離せませんし、その妻のワーク・ライフ・バランスは夫の状況や行動に大きく左右されるのです。

そこでまず必要なのは、現在の分担を前提にしない、ということです。妻の選択は、自分（夫）や社会の状況を踏まえて狭められた選択肢のなかからのものです。つまり相手の選択だけでなく、自分の働き方の選択の結果でもあるのです。もちろん家計を支えるために父親たちの多くには長時間働くしか選択がないという問題があるのも事実です。

しかし、その状況も、妻の活動領域を広げていくことで変わっていき、自分の選択肢が広がる可能性があるのです。自分がやっていることは妻にも選択する権利があるという前提から、自分のワーク・ライフ・バランスを見直してほしいところです。

父親のなかには、自分の会社に自分が取得できる育児休業があるかどうかもわからないひとが多くみられます。現在、少なくとも、制度上は先にみたように男女ともにとれる子育て支援制度が整えられてきています。短時間勤務や残業の免除、出勤時間の変更などを含めた会社の制度を調べてみてください。

次に、「子育てにかかわることを妻に期待されているのはわかっているし、自分もそうしたいが働き方はとても変えられる状況ではない」というお父さんたちの場合はどうでしょう。そのときは、妻が領域を広げることに協力してください。「小さな子どもを預けるなんて」、「習い事なんてなんの役に立つんだ」、「子育てと家事に支障がない範囲でなら働いてもいいけど……」などは、NG表現です。

また、せめて家にいられる日は、すべての家事育児を一通りできるようになるよう、いろいろチャレンジしてみてください。自分自身の仕事にも生活にも活かせる「資源」が増えていくはずです。

子どもが誕生しても、働き方がほとんど変わっていない父親が多くいる一方で、特にフルタイムの共働きの場合など、すでに、かなり家事・育児を組み込んだ働き方になっている父親もいます。この場合、フルタイムの母親と同じようなワーク・ライフ・バランスの戦略が求められるでしょう。

ただし、注意する必要があるのは、双方の時間の使い方の調整をするときに現在の働き方、特に、その稼ぎの度合いが平等の基準になっていないかということです。

もし、そう思っていたら、現在の自分の稼ぎや働き方というのは、たまたま家族のなかの資源によって達成されているものであるという見方の転換をしてみてください。つまり、妻が仕事を辞めたり、セーブして家事や育児の多くを引き受けてくれたことによって可能になっている働き方だ、と考えるのです。

そのうえで、同じような資源を妻が得られるような環境というのを基準に、家事・育児の分担のすりあわせをしていくことが必要なのではないでしょうか。

おわりに――それぞれのワーク・ライフ・バランスに向けて

この章では、さまざまな状況の親たちに場合分けをして、ワーク・ライフ・バランスの戦略を考えてきました。しかし、ひとり親の例をとりあげられませんでしたし、ふたり親の場合でも実際の状況は、ここで描いた以上にさまざまのはずです。

本章で伝えたかったのは、ワーク・ライフ・バランスに決まった形がないということです。大事なのはトータルなワーク・ライフ・バランス。そして、その先にある自分自身とパートナーや子どもの幸せです。

他の人たちとの比較や、これをしなければいけない、という思い込みを捨て、自分の仕事・家族・コミュニティの負担と資源の現状をじっくりみつめて、いまの自分にとって最適なワーク・ライフ・バランスをみつけだしていただきたいと思います。

本書は、おもに、「子どもとの距離感」をどう考えるかというのがメインテーマですが、それ以前に重要と考えられる、子育ての前提でもある両親の「ワーク・ライフ・バランス」について解説しました。そこで、最後にワーク・ライフ・バランスの考え方と、子どもとの距離感についても、わたしの経験に基づいた独断的な「子育て論的、あるいは子どもとの距離感」についての思いを若干述べさせていただきます。

わたし自身、子どもの乳幼児期こそ通り過ぎたものの、まだまだ子育てまっただなか、子どもとの距離感については試行錯誤の日々です。本章で書いたような問題関心もあって、父親も子育てのすべての面でかかわらなければという思いが強く、手をかけすぎたり、干渉したりしすぎたのではないかと反省することも多々あります。父親の子育てへのかかわり方について「母親ふたりはいらない」という批判をよく耳にしますが、わたしは、そういう議論で心配される「ふたりめの母親」的な父親、つまり身の回りの細々したことをあれこれいう父親であったし、いまもそうだと思います。でも、そのことで、妻がその役割から解放される機会を多少とも作れたと思いますし、父と母どちらもが、そのときどきで、つかず離れずといった感じで子どもと接することができているように思います。

どんなに同じことをしようとしても、ひとは男女の違い以上に、もって生まれたものや経験が異なるのですから、「お母さんがふたり」などという心配はとりこし苦労です。「父親の役割」、「母親の役割」にこだわるよりも、子育てをするひとが、それ以外の仕事や「コミュニティ」の活動を確保し、自分以外の資源を活用していくことが、子どもとの適度な距離を作ることにつながるのではないでしょうか。それが正解かどうかはいつまでも答えがでないかもしれませんが、わたしはそう考え、実践しています。

コラム

イクメン時代の男性と子育て――一緒に悩みましょう、お父さん！

濱田智崇（カウンセラー）

いきなりプライベートの話で申し訳ありませんが、この原稿をご依頼いただいたのとほぼ時期を同じくして娘が生まれ、わたしも父親になりました。仕事では数年前に、父親の子育てについて臨床心理学的視点で研究を始め、それに先立ち、男性の悩みを聴く活動を十数年間続けてきました。さまざまな男性、そして父親の声を聴きながら、自らも父親になっていくというわたしの体験を踏まえて、少し書いてみたいと思います。

「イクメン」ということばはすっかり社会に定着した感があります。しかし、わたし自身、自分が「イクメン」かどうかを問われると、どうも答えにくい気がするのです。育児は可能な限りやっているとは思うのですが、それを「イクメン」と言われることには、なぜかピンときません。同じ質問を、子育て中のお父さんたちへ、インタビュー調査でぶつけてみたことがあります。そのインタビューには、実際に子育てをし、子育てに関心の高いお父さんたちが協力してくださったのですが、そのお父さんたちに尋ねても、自分が「イクメン」だと答えるひとはいませんでした。「自分はカッコよくできないからイクメンではない」「仕事が忙しくてイクメンにはなれない」といった〝自分なんてイクメンと呼ばれる資格はないと引いてしまう派〟から、「育児はするのがあたり前なのでわざわざそう呼ぶのがおかしい」「そんな簡単なことでイクメンと呼んでいいのかと思う」といった〝世間のイクメンブームを冷やかにみる派〟まで反応はさまざまですが、「イクメン」がしっくりきているというお父さんは、少なくともわたしたちのインタビューに協力してくださったなかには、いなかったのです。そして、わたしたちが実施している「パパの子育てカフェ」などのお父さんたちが語りあうイベントでも、「わたしはイクメンです」という方には出会ったことがありません。これをどう考えたらいいのでしょうか。

わたしたちが甲南大学人間科学研究所で実施した「〔第二回〕子育て環境と子どもに対する意識調査─父親版」では、お父さんの九割が「子育てにおいて父親はなくてはならない存在」と考えている一方で、八割が「子育てにおいて母親（妻）にはかなわない」と思っていることが明らかになっています。同時に「自分は理想的な父親である」と答えた人は三割にとどまり、理想的な父親とはどんな父親かと尋ねると、その答えは非常に多岐にわたっていて、現代の日本で父親の理想像を描くのが難しいことを示唆しています。つまり、お父さんたちは、子育てにおける自分の役割の大きさは自覚し、それぞれに子育てにかかわろうとしながらも、実際にどうかかわればよいのか、という点では戸惑っていると言えるのではないでしょうか。画一的な父親像を強制されない時代になったのはよいとしても、新たな理想の父親像が示されたわけではなく、やはり子育てでは母親の方が重要な役割を担っている気がする、しかし社会からは「イクメンになれ」というプレッシャーをかけられ、現実には仕事が忙しい、となると、お父さんたちが「どうすればいいの?」と戸惑っても無理はありません。

「イクメン」とはなにかという厚生労働省のホームページの説明にも、最初に「子育てを楽しみ、云々」とあり、「子育てを楽しむべし」というメッセージが強く打ち出されているように思います。さらに社会では、さまざまな商品のCMなどにも表れているように「子育てを楽しむ父親はカッコいい」というメッセージが数多く流され、「イクメン」のイメージ作りを促進しているようです。そうしたことが、男性の関心を子育てに向ける効果はたしかに大きいと思いますし、子育てを楽しもうという発想は、とても重要だと思います。実際に子育てを「楽しい」と感じているお父さんは、わたしたちの調査でも多いことがわかっていますし、世のなかをみていてもやはり増えているように思います。ただ、お父さんたちの生の声を丁寧に拾ってみると、日々の子育ては「楽しい」だけのものではなく、さまざまな戸惑いや悩みもまた、つきものなのではないでしょうか。

さらに、「男性と悩み」という切り口でお父さんたちをみることもできます。内閣府『男性にとっての男女共同参画』に関する意識調査報告書(平成二四年)によれば、「他人に弱音を吐くことがある」男性は三割、「悩みを気軽に誰かに相談する」男性は二割しかいません。戸惑ったり悩んだりしたときに、男性は誰にも言わずにひとりで抱え込んでしまう、という傾向は、男性の悩み相談におけるわたしの経験からも明らかです。男性は、自分が戸惑ったり悩んだりするのはカッコ悪い、人様にはおみせできない、と思う傾向があるようです。「イクメン」のイメージは、どちらかと言えば「カッコいい」ものであり、人様におみせできるもの、ということになりますので、こうしたカッコ悪さを容認してくれません。こう考えると、子育てに積極的であろうとするお父さんたちのなかに「イクメン」ということばに違和感があるひとがいるというのも、不思議ではなくなります。

ここでわたし自身の子育て（といってもまだ数か月なのですが）を振り返ってみますと、「楽しい」などという言葉ではとても言い表せないくらいの、大きな喜びや楽しさやさまざまな感動を味わうことができている、しかしその分、いやそれ以上に、悩んだり戸惑ったりしんどい思いをしたりしている、というのが、いまのところの実感です。

お父さんたちに聴いていると、生まれてすぐはあまりかわいいと思えなかった、とおっしゃる方もいるのですが、わたしはどういうわけか、分娩室で初めて対面した瞬間に「これは間違いなく自分の子だ！」という妙な確信とともに「なんてかわいいんだ！」という気持ちが最高潮に達してしまったので、最初からずっと娘はかわいくて仕方がありません（ここから先の文章は、親バカ丸出しですが、正直に書きますので、しばしおつきあい願います）。新生児のころは、自分の膝にのせて、その小ささや柔らかな触り心地を味わうだけで、なんだかぞくぞくしていましたし、そこでそのまま娘が気持ちよさそうに寝てしまった、というだけでも妙に嬉しかったものです。沐浴中にちょっとうっとりしたような表情を浮かべただけで「お風呂好きのこの子をどこの温泉に連れて行こうか」と考えたり、ヨハン・シュトラウスを聴かせたら泣き止んだ、というだけで「ウイーンに音楽留学させるか」と妄想したりしていました。そして、最近はわたしが帰宅すると、生え始めの前歯をみせてニッコーッと笑い、全身を揺すり手足をバタバタさせて出迎えてくれるようになりました。そんな娘を抱きしめる瞬間は、ほかには代えがたいもので、なにとは言葉で表現できないのですが、なにかが満たされる思いがします。わたしが作った離乳食を娘が食べるとき、一緒にお風呂に入るとき、絵本の読み聞かせのはずが絵本かじり大会になるとき、抱っこ中にわたしのかけているメガネを奪いとっておもちゃにするとき、まだ言葉こそしゃべりませんが、そこにたしかに「やりとり」が生じていることに、成長の重みを感じます。表情が豊かになり、自己表現も日々しっかりしていく娘とかかわっていると、毎日なにかしらの感動があるのです。

しかし一方で、じつはうちの娘は、妊娠中のエコー画像でひとつ、生まれてからの血液検査でまたひとつ、健康上の心配な点を医師から指摘されていました。結果的には、現在までにそれらは「おそらく心配なし」という結論になっているのですが、一時期はものすごく不安でした。とにかくこの子が生きていて、無事に育ってくれることを、わたしも妻も、自分の心が押しつぶされそうになりながら、毎日神棚に必死で祈っていた時期もあったのです。そのころは本当につらくて、心配するだけでなにもしてやれない自らの不甲斐なさに唇を噛んでいました。また、わたしの普段の生活という面でも、子どもが生まれてからは一変しました。大学、カウンセリング、男性相談関係と、たくさんの仕事を抱えるなかで、子育ての時間をいかに確保するか、という難問への「正解」は、いまでもみつかっていません。どうしても仕事の効率は下がり、その焦燥感を抱え込んでいた時期もありました。一時期娘は、「夜泣き」ならぬ「夜笑い（独自のネーミングです）」がひどく、真夜中になるとニコニコして激しく手足をばたつかせ、遊んでくれー！　と訴えてくる、ということがありました。それを放っておくと、まだ寝返りもはいはいもできないのに、仰向けのまま床を蹴ってどこまでも進んでいってしまい（そもそも、赤ちゃんってそんな変な動きをするんだろうか、うちの子はおかしいのではないかという意味でも悩みました）、気づいたら頭が傷だらけ、などということもあって、やむなく夜明けまでずっと遊び相手をすることもありました。翌日の仕事がハードなときに限って「夜笑い」は起こり、イライラのなかで、自分のなかに「虐待の芽」が存在することに直面させられて愕然とした夜もあったのです。大人の思い通りにはならない、しかも逃げることのできない子育ての世界に戸惑いながら、それでもなんとか、ここまでやってきました。

自分のことを書きすぎましたので、話を元に戻します。いまの日本で、男性がもっと子育てにかかわれるようになるには、どうすればよいのでしょうか。難しい問題ですが、ひとつわたしから提案するとすれば、お父さんたちの「カッコ悪い」部分も「あり」の世のなかにする、つまりお父さんたちに、もっと安心して悩んでもらえる雰囲気を作りましょう、ということです。子育てにかかわることは、理屈や大人の思惑通りにはならない、あいまいで混沌とした世界に際限なくつきあうこと、でもあります。戸惑いや悩みが毎日出てきて当然です。それを、お父さんも一緒に悩み続けること、自分の問題として抱え続けることが、堂々とできるような社会が実現すれば、男性も子育てにかかわりやすくなるのではないかと思います。その第一歩として、やはり夫婦で子育ての話をしていただきたい、と思います。先ほどの甲南大学の調査でも、ほぼ毎日夫婦で子育ての話をするひとは四分の一しかいませんでした。もう少し夫婦でお話をしてみてはいかがでしょうか。それも、なにか育児の方針を決める、といった固い話ではなく、日々子どもと接していてどんなことを感じるか、といった素朴な、何気ない話がいいのです。日頃、論理的に説明することや結論を出すことに慣れているお父さんたちは、自分がどう感じるか話して、と言われても最初うまく話せないかもしれませんが、お母さんたちは急かさずに、ゆっくりとそれを受けとめてみてください。

そしてお父さんたち、もしよろしければ、夫婦で、あるいはいろいろな人に、子育てについて自分の実感を語ってみてください。カッコいい話、楽しい話でなくていいのです。戸惑いやモヤモヤも、言葉にしようとしてみてください。語ってなんになるんだ、と思われるかもしれませんが、そんなふうに半信半疑で来られた方も、わたしたちの語り場で語って帰られるとき、ものすごくいい顔をされています。いつの日か、わたしもみなさんと一緒に語る機会があれば嬉しいです。その日までわたしも、日々戸惑い、悩みながら、妻と、パパ友たちといろいろな話をしながら、かわいくて仕方のない娘を育てていきたいと思います。

エピローグ
働くママが幸せになるための処方箋

高石恭子

本書の最後に、働くママが幸せになるための考え方の秘訣を、これまでの章で著者たちが語ってくれた内容から抜粋しておきましょう。

わたしたちはみな、幸せになりたくて、生きているはずです。仕事も子育ても、家事の切り盛りも趣味やボランティア活動も、自分や自分の大切な人たちが幸せになることを目指して、日々頑張っているのだと思います。しかし、「青い鳥」のおとぎ話にもあるように、幸せはどこか遠くにあるものではありません。日々のささやかな瞬間に、「ああ、これでいい」と思えること、いまの自分を肯定できることのくり返しにこそ、幸せは宿っているのです。

もしあなたが、不安にかき消されていまある幸せをみつけられないなら、ちょっと立ち止まって、次のような考え方で日々の生活を見直してみてください。幸せに気づくには、無我夢中の自分から、そして自分の一部のようになってしまっているわが子から、ちょっと「距離」を置いてみることが必要です。

1　罪悪感は、母親にとってくされ縁の友と心得る

働くママは、第1章でも切実に綴られていたように、次々と罪悪感に襲われるのが普通です。そして、たいていは自分が「働いている」ことに原因があると思いがちです。

請けあって言いますが、たとえ仕事を辞めたとしても、母親が罪悪感から自由になることはありません。実際、母親となった女性が抱く、子育てにまつわる罪悪感（母親罪障感と名づけられています）の程度は、フルタイムで働く母親より、働いていない母親やパートタイムで働く母親のほうが高いという研究データもあるくらいです。

長い時代の年月をかけて培われてきた「母親ならこうあるべき」という人びとの幻想は、第3章でも解説されているようにそう簡単に崩せるものではありません。女性は母親になったとたん、その幻想（理想）に届かない自分を後ろめたく思うように仕向けられるのです。そんな、何百年、何千年も生き続ける魔女のような生命力をもつ罪悪感を消し去ろうとしても、土台無理というもの。いつもそばにいられると心が蝕まれてしまいますが、母親の人生にはつかず離れず、最後までついてくる「くされ縁の友」だと思って、上手につきあうことを考えてみましょう。

2 「わたし」を主語に子育てを考えるのを、ときどき休む

わが子がうまく育つかどうか、親や世間の期待通りに成長してくれるかどうかは、「わたし」の頑張り次第、と感じている母親はなんて多いことでしょう。子育てと仕事の両立を願うあなたなら、「頑張る」ことはさらに得意なはず。でも、子どもはあなたが頑張って臨んだ試験の成果（業績）であってはならないし、子育てはあなたが「自己責任」を問われるようなものであってはいけません。

子育ては、次世代にわたしたちがなにを引き継ぎ、託していくか、という社会全体の大切な事業です。いきなり「社会」を主語にすることが難しければ、「わたしたちは」と置き換えてみてください。わたしたち夫婦は、わたしたち家族は、わたしたちの世代は、わたしたちの暮らすコミュニティは、どんな子育てをしたいのでしょう？　そして、わたしたち親子はどんなふうに育ちたいと思っているのでしょう？　子育ては、何重にも「わたし」をとり巻く人びとと一緒に行なう共同作業です。

もちろん、わたしは「自分の考え」が不要だと言いたいわけではありません。自立した自分をしっかり築こうとしたその先に、いつの間にか「わたしが」という意識に縛られて、子育ての重圧に後ずさりしたり、頑張ろうとし過ぎてわが子との距離を見失ってしまうことの

ないように、ときどきは敢えて「わたし」を主語に子育てを考えるのを休んでみることが役に立つ、と言いたいのです。

3 わが子をちゃんとよその子と比べてみよう

わたしは、「わたし」の頑張りの成果とわが子の成績を混同するような子育てはしていない、わが子を他の子と比較したりせず、ひとりの人間としてちゃんと尊重しています、とおっしゃる読者の方もいらっしゃるでしょう。だって、大事なのはわが子が「一番であること(ナンバーワン)」じゃなくて、「唯一であること(オンリーワン)」だから、と。でも、わたしたちが、わが子の唯一の個性を本当に理解し、受けとめ、さらに伸ばしていくかかわりをするためには、ほかの子どもとちゃんと比べてみることが必要です。

ただ、そのときぜひ避けたいのは、抽象的な「標準」とか「普通」というイメージと、わが子を比較してしまうことです。「標準」は、何千人、何万人の大勢の子どもを数値で測って、平均値や中央値を算出したものに過ぎません。現実に、ぴったり「標準」の子どもなど、どこにもいないのです。「標準」と比べた差が特別な治療や教育を必要とする種類のものかどうかを見極めるためには、第2章にも書かれているように、専門家の判断を仰ぐべきでしょう。「普通」とは、さらにどこにもない幻想のようなものです。「どうしてうちの子は普通のことができないんだろう」「普通なら、これくらいできてあたり前なのに」と嘆くのは、幸せからどんどん遠ざかるための最速の方法です。

わが子をちゃんとほかの子と比べるためには、親が、わが子だけでなくよその子にも同じようにかかわり、子どもによってどんなに反応が違うかをライブで実感してみることが必要です。

この点では、働くママは専業のママより恵まれています。働いていれば、必要に迫られ、子どもを集団の場に預けたり、働くママ友の子どもを預かって一緒に面倒をみたりと、複数の子どもとかかわるチャンスが増えるでしょう。せっかく保育園に預けているのに、わき目もふらず、わが子だけをさっと抱えるようにして連れ帰ってはいませんか？「早く家に帰って、わが子との時間をもたなくちゃ」と焦るより、夏の明るい宵には、園庭で少し子どもたちの遊びに加わってみてください。きっと、ふたりだけでは気づかなかった、わが子のユニークさ（かけがえのない個性）がみえてくると思います。

4 「子育ては楽しい」という新作神話にご用心

そうして、子どもを〈ほどよい距離〉で受けとめることができるようになっても、まだまだ母親を悩ませる罠はあちこちにしかけられています。そのひとつが、「子育ては楽しい」

という現代の新しい神話です。そう、やっかいなのは「母性神話」や「三歳児神話」ばかりではないということに、気づいておかなくてはなりません。

本来、人間もヒトという動物ですから、子育ては、次世代を残すという自然の摂理に沿った、あたり前の営みのひとつです。科学技術の発展によりバースコントロールが可能になるまでは、子育てが「楽しい」かどうか、といった問いかけ自体があり得ないものだったのではないでしょうか。お風呂に入ったり、顔を洗ったりするのを、わざわざ「楽しい」かどうか問題にしたりはしませんよね。でも、子育てが人生の選択肢のひとつになったいま（厳密には、どんなに科学技術の力を駆使しても、完全に思い通りに選択できはしないのですが）、わたしたちは、子育ては「楽しい」からやるのだ、という強迫観念に取り憑かれかねない状況に置かれています。

「子育ては楽しい」はず、という思い込みには要注意です。どうして自分は子育てが楽しめないのだろう？　仕事をしているせいだからだろうか？　と罪悪感に襲われるようになったら、「これは神話だ」と呟いてみてください。

また、第4章のコラムからは、この神話は子育てする最近の働くパパにも影響を及ぼしているらしいことがわかります。厚生労働省が立ち上げた「イクメン」プロジェクトは、推進のための戦略として、「子育てを楽しむ、カッコいい男性」像を打ち出しました。やがて、子育てする男性もこのイメージに縛られていくのだとすれば、心配なことと言わねばなりません。子育ては楽しいとき「も」ある、という程度に思っておくのがちょうどよいということですね。

5　子育てプロジェクトの成果は、あなたと家族と社会に還元される

第1章で、わたしは子育てをプロジェクトとして考えてみよう、と提案しました。企業や組織の最前線で働くママたちからも、子育てにとりくむことは、ひとつの事業の管理職をこなすことであり、新たな事業のマネジメントをしているようだという発見が寄せられています。働くママならではこそ、子育てをそんなふうに距離を置いてとらえ、ユーモアで罪悪感を吹き飛ばして、楽しむゆとりをみつけることも可能なのでしょう。

第4章で紹介された、「仕事と生活の現実」と「理想」のチェックシートや、自分が得られる「資源」と支払う「負担」を、仕事と家族とコミュニティの三つの領域のトータルバランス（収支）で考えようという試みも同様に、自分の子育てを、〈ほどよい距離〉を置いて眺めるための手段だと言えます。

子育てと仕事を共通の言語で考えてみると、そこに、幸せになるための大切なヒントが隠されていることに気づきます。現代のわたしたちは、「働く」というとき、競う、合理化する、効率化する、コントロール（支配）する、といった原理で思考しがちです。しかし逆に、

「働く」ことのなかに、子育ての原理である、包む、見守る、マネージする、かかわる、共に生きる、といった言葉を持ち込んでみたらどうでしょう？　格差社会に喘ぎ始めたわが国の働く世代の人たちも、もう少し生きていきやすくなるのではないでしょうか。

そんなふうに考えると、働くことと子育てとは、けっして相容れない正反対の営みではないことがわかってきます。子育てプロジェクトで培った知恵とパワーは、社会の組織で働くときにも、その真価を発揮するのです。

また、プロジェクトはたいていチームで行なうものです。誰をそのメンバーに引き入れるかを考えたとき、パートナーであるパパが第一候補にあがるのは、当然のことですね。本書の男性著者たちも、力強いエールを働くママに送ってくれています。

チームを強固なものにする第一歩として、「夫婦で子育ての話をして」と著者の一人は言っています。専業で子育てしている母親は、どうしても「パパは忙しく働いてくれているのだから」と遠慮して、日々の子育ての全部を自分ひとりで背負ってしまおうと頑張りがちです。しかし、働くママなら、必要に迫られて、パパをチームの一員（共同責任者？　それともナンバー2？）にするのは難しいことではないかもしれません。パパたちは、案外本心のところでは、子育てに興味をもっています。そして、第3章のコラムでも発揮されているように、「日進月歩のITツールなど恐れるに足らず、思春期の子どもの使う道具は昔と異なれど、もがいていることの中身は同じなんだよ」と、子育てにどっぷりはまった母親にはとれない視点から、親と子の幸せなつきあい方を指南する力をもっていたりするのです。

忙しいパパに申し訳ない、などと罪悪感を抱く必要はありません。子育てに携わることによって、男性もまた、自らの内なる未分化な感情や、カッコ悪さや、小さないのちをまもる責任の重さや、ひととつながりあう喜びに触れ、働き方を含めた生き方全体が変わっていきます。つまり、子育てプロジェクトの成果は、働くママを元気にするだけでなく、パパたちの生き方を変え、家族のあり方を変え、おそらくは中高年になったときの男性の自殺率を下げ、ゆるやかな時間の流れとともに、社会全体に還元されていくというわけです。

さあ少しは肩の力が抜けて、「ああ、これでいい」と感じられるようになりましたか？

一度きりしかないあなたの人生です。誰かに欲張りと言われようと、わがままと言われようと、その何分の一かを「働くママ」として生きるのは、きっと悪くない選択だとわたしは思いますよ！

おわりに——編集後記に代えて

本書が作られる発端は、ふたりの働くママの出会いによるものでした。当時、新米の働くママであった私は、思春期まっさかりのお子さんたちを育てるベテラン働くママの高石恭子先生と、甲南大学人間科学研究所で展開された研究プロジェクトの成果をまとめる仕事をしていました。『子別れのための子育て』（平凡社）という刺激的なタイトルをもつその本は、叢書であり一般向けとは言いにくい本でしたが、これをもっと多くのひとに届けたいという思いから、本書を企画しました。

叢書刊行後まもない二〇一二年春には企画もまとまり、幸いにも小児科医の榊原洋一先生が監修を引き受けてくださり、編者の高石先生とともに骨格が定まり、執筆者のみなさまからのお原稿も届き始めていました。本書の企画に当初から賛同してくださり、出版を約束してくださっていた編集プロダクション社長の波津久勝氏のもと、本書は刊行に向けて本格始動しました。氏は、長らく医療分野の編集を手がけているなかで、女性医師の離職率の高さに嘆いていました。子育てしながら働く若い医師、看護師、そして身近でみている編集者たちを常に励まし、「書き手としても育てていきたい」という情熱を強くもっておられる方でした。しかしながら原稿が集まり、いよいよというときに体調を崩され、二〇一四年の春に入院されたまま急逝されました。わたしたちは、突然のことに、立ち止まってしまいました。刊行のめども立たなくなったなかで、生前の波津久氏と懇意にしていた編集者の木下邦彦氏の協力もあり、残されたものたちで覚悟を新たに再始動したのは、一年後のことでした。

このたびようやく本書を世に送り出すことができて、本当に嬉しく思っています。刊行時期が遅れに遅れ、執筆者のみなさまにはご迷惑をおかけすることになり、心よりお詫び申し上げます。また、これまで支えてくださった多くの関係者のみなさまに、御礼を申し上げるとともに、木下氏のご紹介により出版をお引き受けくださった、柘植書房新社の代表取締役上浦英俊氏、木下耕一路氏に深謝いたします。

本書の企画が始まったとき、まだ保育園にいた娘は幼稚園を経てこの春には小学生になりました。いつの時代になっても、また子どもがいくつになっても、子育てしながら働くママたちの苦労は尽きません。しかし、これからどんどん働くママは増えていくものと思われます。そうした働くママたちを応援したい一心で作った本書が、少しでも何かの助けになればと願っています。最後になりましたが、本書を天国の波津久勝さんに捧げたいと思います。

二〇一六年春

編集　安井梨恵子

【執筆者】(50音順)

岩田淳子　1959年生まれ。成蹊大学文学部教授。学生相談室専任カウンセラー。

市田典子　1972年生まれ。精神科医。都内医療機関勤務。

角田直枝　1962年生まれ。看護師。茨城県立中央病院看護局長。

小島貴子　1958年生まれ。東洋大学理工学部生体医工学科准教授。

千田有紀　1968年生まれ。武蔵大学社会学部教授。

中里英樹　1967年生まれ。甲南大学文学部社会学科教授。

中野円佳　1984年生まれ。女性活用ジャーナリスト。東京大学大学院教育学研究科博士課程在学中。

濱田智崇　1973年生まれ。京都橘大学健康科学部心理学科助教。

安井梨恵子　1976年生まれ。フリーランス編集者。

山川裕樹　1974年生まれ。成安造形大学共通教育センター准教授。

執筆者紹介

【監修者】

榊原洋一（さかきはら よういち）

1951年東京都生まれ。お茶の水女子大学副学長。小児科医。東京大学医学部卒業。同学附属病院小児科にて研修、その後助手を経て、神経変性疾患の基礎研究のために、米国ワシントン大学に３年間留学し、研究結果を博士論文とする。大学病院に戻ったのち、小児神経学の臨床と研究に明け暮れる間、神経疾患だけでなく子どもの発達とその障害について関心を持つ。また国際医療協力への関心が強まり、JICA のネパール、ベトナム等での母子保健改善プロジェクトに関わる。医局長を経て、現職保育者を対象とした社会人講座（アップリカ寄附講座）担当として、お茶の水女子大学に異動、現在に至る。主著に『子どもの脳の発達　臨界期・敏感期』（講談社＋α新書、2013)、『図解 よくわかる発達障害の子どもたち』（ナツメ社、2011）など多数。NHK 教育テレビ「すくすく子育て」監修も手掛ける。

【編者】

高石恭子（たかいし きょうこ）

1960年兵庫県生まれ。甲南大学文学部教授、同大学学生相談室専任カウンセラー。専門は臨床心理学。京都大学教育学部教育心理学科卒業。同大学院教育学研究科博士後期課程単位取得退学。京都府下の母子療育教室セラピスト、精神病院の心理士等を経て現職。乳幼児期から青年期の親子関係の研究や、子育て支援の研究も行う。最近では大学生の保護者を対象にしたセミナーや、男性の育児についてのパンフレット作製なども手掛けている。主著に『臨床心理士の子育て相談』（人文書院、2010)、『子別れのための子育て』（平凡社、2012）などがある。

働くママと子どもの〈ほどよい距離〉のとり方

2016年7月15日第1刷発行　定価2000円＋税

監　修　榊原洋一

編　者　高石恭子

発　行　柘植《つげ》書房新社

〒113-0033　東京都文京区本郷1-35-13

TEL03（3818）9270　FAX03（3818）9274

http://www.tsugeshobo.com　郵便振替00160-4-113372

編集協力　波津久勝

編　集　安井梨恵子

DTP・装幀　矢部竜二

印刷・製本　創栄図書印刷株式会社

乱丁・落丁はお取り替えいたします。　ISBN978-4-8068-0681-3　C0030